© Assimil 2015
ISBN 978-2-7005-0663-1
ISSN 2266-1158

Création graphique : Atwazart

Sirikul Lithicharoenporn
et
Supawat Chomchan

B.P. 25
94431 Chennevières sur Marne cedex
France

Cet ouvrage ne prétend pas remplacer un cours de langue, mais si vous investissez un peu de temps dans sa lecture et apprenez quelques phrases, vous pourrez très vite communiquer. Tout sera alors différent, vous vivrez une expérience nouvelle.

Un conseil : ne cherchez pas la perfection ! Vos interlocuteurs vous pardonneront volontiers les petites fautes que vous pourriez commettre au début. **Le plus important, c'est d'abandonner vos complexes et d'oser parler.**

Partie I — INTRODUCTION — 9

Comment utiliser ce guide 9
La Thaïlande : faits et chiffres 10
Un peu d'histoire 10
La langue thaïe 12
La prononciation 13
Conventions utilisées dans ce guide 14

Partie II — INITIATION AU THAÏ — 15

Du 1er jour au 21e jour 15

Partie III — CONVERSATION — 57

Premiers contacts 57
   Salutations 57
   Remercier 59
   S'excuser 61
   Rendre visite / se retrouver 62
   Souhaits 62
   Accord, désaccord 63
   Questions, réponses 65
   Langage du corps 67
   Langues et compréhension 68

Rencontre et présentation 70
   Se rencontrer 70
   Se présenter ou présenter quelqu'un 70
   Dire d'où l'on vient 72

SOMMAIRE 5

Dire son âge	73
Famille	74
Emploi, activités, études	76
Culture	79
Religions et traditions	79
Le temps qu'il fait	81
Sentiments et opinions	82
Invitation, visite	85
Un rendez-vous ?	86
L'amour	88
Temps, dates et fêtes	**89**
Dire l'heure	89
Dire une date	93
Vocabulaire du temps, des jours et des saisons	94
Les jours fériés	96
Appel à l'aide	**98**
Urgences	98
Sur la route	99
Panneaux de signalisation	**100**
Voyager	**100**
Contrôle de passeport et douane	101
Change	103
En avion	105
En autocar et en train	106
En bateau	106
En taxi ou en "Tuk Tuk"	107
Location de voiture	108
Mots utiles	110

En ville **111**
- Pour trouver son chemin **111**
- En métro et en bus **114**
- Visite d'expositions, musées, sites **115**
- Sorties au cinéma, au théâtre, au pub **116**
- Au téléphone **118**
- À la poste **119**
- Internet **120**
- L'administration **121**
- À la banque **124**
- Chez le coiffeur **124**

À la campagne, à la plage, à la montagne **125**
- Sports de loisir **126**
- À la piscine, à la plage **127**
- Arbres et fleurs **127**
- Animaux **128**

Hébergement **129**
- Réservation d'hôtel **129**
- À la réception **130**
- Vocabulaire des services et du petit-déjeuner **131**
- En cas de petit problème à l'hôtel **133**
- Régler la note **135**

Nourriture **135**
- Au restaurant **135**
- Spécialités et plats traditionnels **137**
- Vocabulaire des mets et produits **139**
- Boissons alcoolisées **144**
- Autres boissons **144**

SOMMAIRE

Achats et souvenirs **145**
   Magasins 145
   Journaux, revues 145
   Vêtements et chaussures 146
   Bureau de tabac 148
   Photo 148
   Provisions 149
   Souvenirs 150

Rendez-vous professionnels **151**
   Vocabulaire de l'entreprise 151

Santé **152**
   Chez le médecin, aux urgences 152
   Symptômes 152
   Douleurs et parties du corps 153
   Santé de la femme 155
   Massages et soins du corps 155

Partie IV
INDEX THÉMATIQUE

Introduction

↗ **Comment utiliser ce guide**
La partie "Initiation"

Vous disposez d'une petite demi-heure quotidienne ? Vous avez trois semaines devant vous ? Alors commencez par la partie "Initiation", 21 mini-leçons qui vous donnent sans complications inutiles les bases du thaï usuel, celui dont vous aurez besoin pour comprendre, parler et être capable de former vos propres phrases. Voici comment procéder :
– lisez la leçon du jour, puis prononcez les phrases en thaï en vous aidant de la transcription simplifiée et consultez leur traduction ;
– lisez ensuite les brèves explications grammaticales : elles vous expliquent quelques mécanismes que vous pourrez vous-même mettre en œuvre ;
– faites le petit exercice final, vérifiez que vous avez tout juste… et n'oubliez pas de passer à la leçon suivante le lendemain !
N.B. L'écriture thaïe est impossible à déchiffrer pour qui n'en a pas fait l'apprentissage, c'est pourquoi nous avons systématiquement accompagné les phrases en thaï d'une transcription à la française, qui vous permettra de les prononcer sans problème. En cas d'incompréhension avec votre interlocuteur, vous pourrez toujours pointer du doigt la phrase dans votre guide afin de vous faire comprendre.

La partie "Conversation"

Pour toutes les situations courantes auxquelles vous allez être confronté durant votre voyage, la partie "Conversation" vous propose une batterie complète d'outils : des mots, mais aussi des structures de phrases variées que vous pourrez utiliser en contexte. Tous les mots sont accompagnés de leur traduction (avec, si besoin, une traduction mot à mot) et de leur transcription simplifiée. Même si vous n'avez aucune connaissance préalable du thaï, ce "kit de survie" prêt à l'usage fera donc de vous un voyageur autonome.

↗ La Thaïlande : faits et chiffres

Superficie	513 115 km² et un territoire qui s'étend sur 805 km du nord au sud
Population	66 720 153 habitants (recensement de 2011)
Capitale	Bangkok (ou "Krung Thep" pour les Thaïlandais)
Frontières maritimes	Mer d'Andaman, Golfe de Thaïlande
Frontières terrestres	Birmanie à l'ouest, Malaisie au sud, Cambodge au sud-est et Laos à l'est
Langue officielle	Thaï (Siamois)
Régime politique	Monarchie constitutionnelle
Fête nationale	5 décembre (anniversaire du Roi)
Religions	Bouddhisme 93,83 %, Islam 4,56 % et autres environ 2 %
Monnaie	Baht (฿) (THB)

↗ Un peu d'histoire

La Thaïlande (ประเทศไทย *[prà-tHêet tHaï]*), qui porte officiellement le nom de Royaume de Thaïlande (ราชอาณาจักรไทย *[râat-tcha-aa-naa-djàk tHaï]*), s'est d'abord appelée Siam. Selon une découverte archéologique faite à Ban Chiang, ce territoire aurait été habité par les hommes dès l'âge de Bronze. On suppose que les peuples thaïs y ont immigré vers le début de l'ère chrétienne en provenance du Sud de la Chine. De nombreuses cités-États se sont alors constituées, essentiellement dans la partie nord de la Thaïlande actuelle, en des temps où l'empire khmer exerçait sa puissance dans la région.

Vers le début du XIIe siècle, le royaume de Sukhothaï, premier royaume thaï indépendant, avec comme religion d'État le bouddhisme Theravada, fut établi. Dès lors, les Thaïs gagnèrent progressivement le territoire du bassin de la rivière Chao Phraya. Le royaume de Sukhothaï reste d'une immense importance culturelle pour l'histoire du pays.

Le milieu du XIVe siècle vit arriver le déclin de la puissance khmère, tandis que le royaume d'Ayutthaya, le deuxième royaume des Thaïs, surgissait sur la scène géopolitique.

Après avoir conquis la province de Sukhothaï en 1350, le roi U-Thong imposa Ayutthaya comme nouvelle capitale du Siam, ce qu'elle demeura pendant quatre siècles. Le royaume d'Ayutthaya fut caractérisé par un essor culturel et économique ainsi qu'une expansion territoriale considérables. À cette époque, des liens diplomatiques avec les pays occidentaux furent établis, notamment sous le règne du roi Narai, qui envoya un groupe d'ambassadeurs à la cour de Louis XIV. La fin de la période d'Ayutthaya fut marquée d'innombrables guerres entre le Siam et la Birmanie. À l'issue de ces conflits, Ayutthaya fut entièrement saccagée et brûlée en 1767.

Durant les quelques mois qui suivirent, un groupe de Thaïs parvint à bouter les Birmans hors du territoire. Le chef de cette opération, autoproclamé roi Taksin, fonda alors le royaume Thonburi, royaume éphémère dont il fut le seul et unique roi. 1782 marqua la fin de son règne et l'avènement de la dynastie Chakkri, sous l'égide du roi Rama Ier, avec Bangkok comme capitale. Ceci marquait le début de l'ère Rattanakosin.

Le Siam fut le seul pays d'Asie du Sud-Est à échapper au colonialisme du XVIIIe siècle grâce aux liens diplomatiques que les rois Rama IV et Rama V ont su tisser avec les pays occidentaux, y compris la France, vers laquelle un nouveau groupe d'ambassadeurs siamois fut envoyé sous le règne de Napoléon III.

Le pays connut des bouleversements importants durant le XXe siècle. En 1932, la monarchie absolue, en vigueur depuis la période Ayutthaya, fut remplacée par une monarchie constitutionnelle, et en 1939, le nom de Siam fut abandonné au profit de celui de Thaïlande. Dès 1932, les autorités militaires tentèrent de faire main basse sur le gouvernement, ce qui résulta en une succession de coups d'État avant que le système démocratique avec un gouvernement élu ne soit établi en 1992. Cependant, ce système reste fragile et les militaires continuent de jouer un rôle prépondérant dans la politique du pays, comme le prouve le dernier coup d'État commis en mai 2014.

La Thaïlande actuelle, sous le règne du roi Bhumibol Adulyadej (Rama IX, le plus vieux monarque du monde jusqu'à présent), grâce à son entrée dans la Communauté Économique de l'Asie du Sud-Est (AEC – Asean Economic Community) devrait connaître une nouvelle vague de développement économique et social.

↗ **La langue thaïe**

Le thaï que vous apprendrez dans ce guide relève du dialecte de Bangkok, le siamois, un dialecte standard utilisé dans l'enseignement public et les médias. Il partage de nombreuses caractéristiques linguistiques avec d'autres dialectes de la langue, voire d'autres langues de la région comme le laotien, le vietnamien, le khmer ou le chinois.

Vocabulaire

Des mots monosyllabiques sont au cœur du vocabulaire de base, à partir duquel se forment des mots composés. La langue contient aussi des mots empruntés aux diverses langues de la région comme le pâli, le sanskrit, le chinois, le khmer, le môn et, particulièrement dans ces dernières décennies, l'anglais.

Grammaire

En thaï, les mots sont invariables : les noms ne connaissent pas de déclinaison en genre et en nombre, leur fonction est identifiée grâce à leur position par rapport au verbe principal. La structure de base de la phrase est "sujet + verbe + complément". Il n'y a pas de conjugaison verbale. Le temps, l'aspect et le mode sont exprimés soit par l'ajout de particules en fin de phrase soit par l'adjonction des différents auxiliaires, dont la position est assez changeante.

Les noms ne sont pas classifiés en masculin/féminin comme en français, cependant il existe un système de classification particulière, comme vous le verrez dans les leçons d'initiation. Il n'y a pas non plus de pluriel grammatical et de distinction défini/indéfini pour les noms, leur sens peut être déduit à travers la structure de phrase.

Pour conclure, disons simplement que l'absence de variabilité formelle est largement rattrapée par l'abondance de structures grammaticales que vous découvrirez au fil de votre lecture.

↗ La prononciation

Tous les mots et phrases écrits en thaï dans ce guide seront doublés d'une transcription simplifiée, dont vous trouverez tous les détails sur les rabats de l'ouvrage. Pour vous, seule cette dernière sera utile, mais si vous voulez montrer une phrase à un interlocuteur thaï, vous aurez besoin de l'écriture thaïe ! En outre, cela vous aidera à repérer quelques mots faciles à apprendre, si vous en avez la curiosité.

- Chaque syllabe en thaï porte un ton, qui correspond à une mélodie. Les mots ne se distinguent donc pas seulement par les différentes combinaisons consonnes-voyelles, mais aussi par leur mélodie. Rassurez-vous, il n'y a que cinq tons à apprendre !
- La longueur de voyelle est très importante car une syllabe prononcée avec une voyelle courte ou longue peut avoir un sens différent.
- Certaines consonnes sont prononcées avec un souffle d'air.
- Les sons *[ou]* et *[ouu]* se prononcent comme dans "trou/mou".
- Pour prononcer *[u-uu]*, prononcez d'abord *[ou-ouu]*, puis essayez d'étirer les lèvres tout en gardant la même position avec votre langue. Pour *[œ-œe]*, procédez de même en partant cette fois du son *[ɔ-ɔɔ]*.

Notez enfin qu'il existe des variantes de prononciation dans le langage parlé. Par exemple, selon les locuteurs, les sons *[y]* et *[dj]* ne sont pas bien distingués. Ainsi, le mot อยู่, *se trouver, se situer, habiter*, peut être prononcé soit *[yòuu]* soit *[djòuu]*. De la même façon, dans un registre très relâché, ou notamment chez les jeunes, il n'y a pas de distinction entre les sons *[r]* et *[l]*.

Conventions utilisées dans ce guide

Dans la transcription phonétique, les différentes syllabes d'un mot sont liées par des tirets. Étant donné que certains mots en thaï peuvent avoir plusieurs sens et/ou fonctions grammaticales, les précisions seront apportées entre parenthèses () pour les changements de sens et de catégories grammaticales dans les traductions mot à mot. Quant aux traductions françaises, les éléments non présents dans la phrase en thaï mais nécessaires en français seront placés entre crochets [].

Initiation

↗ 1er jour

ฉันกินข้าว
Je mange (du riz).

1 กิน ข้าว
kin kHâaw
manger riz
Manger du riz.

2 ไม่ กิน ข้าว
mâï kin kHâaw
négation manger riz
Ne pas manger de riz.

3 ฉัน กิน น้ำ
tchăn kin nám
je manger eau
Je bois de l'eau.

4 ฉัน กิน ข้าว
tchăn kin-kHâaw
je manger
Je mange.

Notes de Grammaire

La structure de base de la phrase en thaï est de type : sujet + verbe + complément. Dans cette leçon vous rencontrez le sujet : ฉัน *[tchăn], je* ; le verbe : กิน *[kin], manger* ; et les COD : ข้าว *[kHâaw], riz* et น้ำ *[nám], eau*.

N.B. *En principe, un texte thaï ne contient ni espaces entre les mots ni signes de ponctuation. Les espaces servent à séparer les phrases ou les éléments en énumération. Pour faciliter l'apprentissage, nous mettons ici des espaces entre les mots et des tirets pour séparer les syllabes dans la transcription.*

Le sujet est parfois omis dans les conversations.

Le verbe ne change jamais de forme : il n'y a pas de conjugaison en thaï. La différence entre กิน *[kin]*, *manger* et กินข้าว *[kin-kHâaw]*, *manger* est que le 1er est un verbe transitif exigeant un COD (ce que l'on mange) alors que le 2e est intransitif, donc sans COD possible. Les Thaïlandais consommant du riz quasiment à chaque repas, กินข้าว *[kin-kHâaw]* est devenu un mot composé figé pour dire *manger* en général, même s'il n'y a pas de riz dans le repas !
Pour former une phrase négative, on utilise généralement le mot ไม่ *[mâï]*, *négation*, qui est placé devant le verbe principal.

Entraînement – Traduisez les phrases suivantes
1. Boire de l'eau.
2. Je ne mange pas de riz.
3. tchăn mâï kin-kHâaw
4. mâï kin ná^m

Solutions
1. kin ná^m
2. tchăn mâï kin kHâaw
3. Je ne mange pas.
4. Ne pas boire de l'eau.

⤷ 2ᵉ jour

เป็น / อยู่ / คือ
Être / être / être

1. **คุณ เป็น ใคร**
   kHoun pen kHraï
   vous être qui
   Qui êtes-vous ?

2. **ผม เป็น นักท่องเที่ยว**
   pHŏm pen nák-tHôong-tHîiaw
   je être touriste
   Je suis touriste.

3. **โรงแรม อยู่ ที่ไหน**
   roong-rεεm yòuu tHîi-năi
   hôtel être où
   Où se trouve l'hôtel ?

4. **อยู่ ถนน สุขุมวิท**
   yòuu tHa-nŏn sòu-kHŏum-wít
   être rue Sukhumvit
   Il se trouve dans la rue Sukhumvit.

5. **นี่ คือ อะไร**
   nîi kHuu à-raï
   ceci être quoi
   Qu'est-ce que c'est (ceci) ?

6. **นั่น คือ แผนที่**
   nân kHuu pHἕεn-tHîi
   cela être plan
   C'est un plan.

Notes de Grammaire

Le verbe *être* peut être traduit de trois façons en thaï : premièrement, เป็น *[pen]*, être qqn/qqch. est un verbe d'état qui sert à lier le sujet à sa description – nous verrons ce cas plus loin. Deuxièmement, อยู่ *[yòuu]*, *se trouver, se situer, habiter* lie le sujet à sa localisation. Enfin, คือ *[kHuu]*, traduit par *c'est*, lie le sujet à sa définition ou à sa désignation.

Emploi des pronoms personnels : le choix des pronoms en thaï dépend des rapports sociaux qu'entretiennent les locuteurs et du registre de langue. ฉัน *[tchăn]*, *je* est un pronom personnel neutre mais qui est davantage utilisé par des femmes. ผม *[pHŏm]* signifie également *je* mais il est réservé aux locuteurs masculins dans un registre poli. คุณ [kHoun], *vous* est le pronom de 2ᵉ personne dans un registre poli.

Les pronoms interrogatifs : vous rencontrez ici ใคร [kHraï], *qui*, อะไร [à-raï], *quoi* et ที่ไหน [tHîi-năï], *où*.

Les pronoms démonstratifs : นี่ [nîi], *ceci* désigne un objet qui est proche du locuteur tandis que นั่น [nân], *cela* désigne un objet qui lui est éloigné, exactement comme en français.

Entraînement – Traduisez les phrases suivantes
1. Qu'est-ce que c'est (cela) ?
2. Qui est touriste ?
3. tHa-nŏn sòu-kHŏum-wít yòuu tHîi-năï
4. tchăn pen kHraï

Solutions
1. nân kHuu à-raï
2. kHraï pen nák-tHɔ̌ong-tHîiaw
3. Où se trouve la rue Sukhumvit ?
4. Qui suis-je ?

↗ 3ᵉ jour

คุณ ชื่อ อะไร ครับ
Comment vous appelez-vous ?

1 ผม ชื่อ ฟรองซัวส์ ครับ
  pHŏm tchûu frɔɔng-souua kHráp
  je s'appeler François ppm.
  Je m'appelle François.

2 คุณ อายุ เท่าไหร่
  kHoun aa-yóu tHâo-ràï
  vous (avoir)-l'âge combien
  Quel âge avez-vous ?

3 ผม อายุ สามสิบ ปีครับ
  pHŏm aa-yóu sǎam-sìp pii kHráp
  je (avoir)-l'âge trente an ppm.
  J'ai trente ans.

Notes de Grammaire

Les particules de politesse : ครับ *[kHráp]* est une particule de politesse employée pour des locuteurs masculins (indiquée par **ppm.** dans notre mot à mot). Elle est toujours positionnée en fin de phrase.

Pour demander à qqn son prénom, on emploie le verbe ชื่อ *[tchûu]*, s'appeler + le pronom interrogatif อะไร *[à-raï]*, quoi ? ชื่อ *[tchûu]* signifie également *prénom* quand il fonctionne comme un substantif. Pour répondre, on emploie simplement ชื่อ *[tchûu]* + le prénom. Les Thaïlandais ne s'appellent jamais par leur nom de famille mais par leur prénom ou, plus souvent, par leur surnom pour les plus intimes. อะไร *[à-raï]* peut également servir à poser des questions sur l'identité/les caractéristiques d'un substantif, ex : โรงแรม อะไร *[roong-rɛɛm à-raï]*, quel hôtel ?, littéralement "hôtel quoi ?"

Pour questionner sur l'âge, on emploie le verbe อายุ *[aa-yóu]*, *(avoir)-l'âge* suivi du mot interrogatif เท่าไหร่ *[tHâo-ràï]*, *combien ?* Pour répondre, le verbe อายุ *[aa-yóu]* est suivi d'une quantité de temps représentant l'âge. อายุ *[aa-yóu]* signifie également *âge* quand il fonctionne comme un substantif.

La durée est exprimée par la structure : nombre + unité de temps. Ici, สามสิบ *[săam-sìp]*, *trente* + ปี *[pii]*, *an*.

Entraînement – Traduisez les phrases suivantes
1. Comment s'appelle la rue (ppm.) ?
2. Quel âge a le touriste ?
3. **nân kHuu pHĕɛn-tHîi kHráp**
4. **roong-rɛɛm aa-yóu săam-sìp pii**

Solutions
1. **tHa-nŏn tchûu à-raï kHráp**
2. **nák-tHɔ̌ɔng-tHîiaw aa-yóu tHâo-ràï**
3. C'est ("Cela est") un plan.
4. L'hôtel a 30 ans.

↗ 4ᵉ jour

คุณ เป็น คน อังกฤษ หรือ คะ
Vous êtes anglais(e) ?

1 ดิฉัน ไม่ได้ เป็น คน อังกฤษ แต่ เป็น คน ฝรั่งเศส ค่ะ
di-tchăn mâï-dâï pen kHon ang-krit tɛ̀ɛ pen kHon fa-ràng-sèet kHâ

je négation-être être personne anglais mais être personne français ppfa.
Je ne suis pas anglaise, mais [je] suis française.

2 บ้าน อยู่ กรุงเทพฯ หรือ คะ
bâan yòuu kroung-tHêep rŭu kHá

maison être Bangkok est-ce-que ppfi.
[Votre] maison est à Bangkok ?

3 บ้าน ไม่ได้ อยู่ กรุงเทพฯ ค่ะ
bâan mâï-dâï yòuu kroung-tHêep kHâ

maison négation-être être Bangkok ppfa.
[Ma] maison n'est pas à Bangkok.

Notes de Grammaire

Pour former les nationalités/les gentilés, on utilise le mot คน *[kHon], personne* suivi du nom du pays/de la ville. Ex : ฝรั่งเศส *[fa-ràng-sèet], France* et ไทย *[tHaï], Thaïlande*.

Particules de politesse féminine : il s'agit de ค่ะ *[kHâ],* pour la forme affirmative (abrégée en **ppfa.** dans notre mot à mot) et คะ *[kHá]* pour la forme interrogative (abrégée en **ppfi.** dans notre mot à mot). ดิฉัน *[di-tchăn], je,* est un pronom féminin réservé au registre formel.

Négation : elle varie selon les types de verbes et leur structure.

INITIATION AU THAÏ

Vous connaissez déjà ไม่ *[mâï] négation*, pour le cas général. Quant à la négation avec les verbes *être* เป็น *[pen]* ou *être* อยู่ *[yòuu]* ainsi que les verbes décrivant l'identité du sujet de la phrase (âge, prénom, sexe, statut marital, etc.), la forme ไม่ได้ *[mâï-dâï], négation-être* est exigée.

Particule interrogative : placée en fin de phrase juste devant la particule de politesse, หรือ *[rǔu], est-ce que* demande une réponse de type oui/non. Elle connote une curiosité chez le locuteur qui croit connaître ou déjà deviner la réponse.

Entraînement – Traduisez les phrases suivantes
1. L'hôtel est à Sukhumvit (ppfi.) ?
2. Je ne suis pas à Bangkok.
3. **mâï-dâï pen nák-tHôong-tHîiaw kHâ**
4. **kHoun aa-yóu sǎam-sìp pii rǔu kHá**

Solutions
1. **roong-rɛɛm yòuu sòu-kHǒum-wít rǔu kHá**
2. **pHǒm mâï-dâï yòuu kroung-tHêep**
3. Je ne suis pas touriste (ppfa.).
4. Avez-vous 30 ans (ppfi.) ?

↗ 5ᵉ jour

เหนื่อยไหม
Vous êtes fatigué(e) ?

1 คุณ ถึง ประเทศ ไทย เมื่อไหร่ ครับ
kHoun tHŭng prà-tHêet tHaï mûua-ràï kHráp
vous arriver pays thaï quand ppm.
Quand êtes-vous arrivée en Thaïlande ?

2 เมื่อวาน ค่ะ มา จาก ปารีส
mûua-waan kHâ maa djàak paa-rîit
hier ppfa. venir de Paris
Hier. Je viens de Paris.

3 วันนี้ คุณ เหนื่อย ไหม ครับ
wan-níi kHoun nùuay măï kHráp
aujourd'hui vous fatigué est-ce-que ppm.
Aujourd'hui, vous êtes fatiguée ?

4 ไม่ เหนื่อย ค่ะ
mâï nùuay kHâ
négation fatigué ppfa.
Je ne suis pas fatiguée.

Notes de Grammaire

Pour former les noms de pays, on utilise le mot ประเทศ *[prà-tHêet]*, *pays* suivi du nom du pays, ex : ฝรั่งเศส *[fa-ràng-sèet]*, *France* et ไทย *[tHaï]*, *Thaïlande*. Mais il est possible d'utiliser le nom de pays seul.

La provenance est indiquée par la préposition จาก *[djàak]*, *de*. Mais ce n'est pas la seule traduction thaïe de la préposition *de* du français.

Adjectifs : n'ayant pas besoin du verbe être, ils peuvent fonctionner comme des verbes. Ex : เหนื่อย [nùuay], fatigué, employé en position verbale. Pour la négation, on place ไม่ [mâï], négation avant l'adjectif.

Particule interrogative : ไหม [măï], est-ce que, placée en fin de phrase demande une réponse oui/non, cette réponse étant connue seulement de l'interlocuteur. Notez qu'elle ne s'emploie pas dans les phrases contenant les verbes เป็น [pen] et คือ [kHuu] ainsi que les verbes décrivant l'identité du sujet (âge, prénom, sexe, statut marital, etc.). Il faut employer à la place ใช่ไหม [tchâï măï], n'est-ce pas ?, littéralement "est-ce que c'est exact ?".

Entraînement – Traduisez les phrases suivantes
1. Je viens de France.
2. Vous êtes fatiguée (ppfa.) ?
3. **kHoun tHŭng paa-rîit mûua-ràï kHá**
4. **mûua-waan pHŏm mâï nùuay**

Solutions
1. **pHŏm/tchăn maa djàak prà-tHêet fa-ràng-sèet**
2. **kHoun nùuay măï kHá**
3. Quand arrivez-vous à Paris (ppfa.) ?
4. Hier, je n'étais pas fatigué.

↗ 6ᵉ jour

มีไหม
Est-ce qu'il y en a ?

1 มี ร้านอาหาร ใกล้ โรงแรม ไหม ครับ
mii ráan-aa-Hăan klâï roong-rεεm măï kHráp
avoir restaurant proche hôtel est-ce-que ppm.
Y a-t-il un restaurant proche de l'hôtel ?

2 มี ค่ะ อยู่ ไม่ ไกล
mii kHâ yòuu mâï klaï
avoir ppfa. être négation loin
[Il y en] a [un]. Il n'est pas loin.

3 คุณ มี เบอร์โทรศัพท์ ไหม
kHoun mii boee-tHoo-ra-sàp măï
vous avoir numéro-de-téléphone est-ce-que
Avez-vous le numéro de téléphone ?

4 ขอโทษ ค่ะ ดิฉัน ไม่ มี
kHŏɔ-tHôot kHâ dì-tchăn mâï mii
désolé ppfa. je négation avoir
Désolée, je ne [l'] ai pas.

Notes de Grammaire
Traductions de มี : vous rencontrez le verbe มี *[mii]* dans 2 structures différentes. Dans une structure impersonnelle, il signifie *il y a* mais dans une structure avec sujet, il équivaut au verbe *avoir*. Pour obtenir sa forme négative, il suffit de lui préfixer ไม่ *[mâï]*, négation.

Position dans l'espace : suivis d'un substantif, ใกล้ *[klâï]*, *proche* et ไกล *[klaï]*, *loin* signifient *proche de* et *loin de*, avec une valeur prépositionnelle. Employés seuls, ils ont une valeur adjectivale : *proche* et *loin*.

Les mots composés : on peut les former en combinant deux substantifs, ex : ร้านอาหาร *[ráan-aa-Hăan]*, *restaurant*, composé de ร้าน *[ráan]*, *boutique/échoppe* et de อาหาร *[aa-Hăan]*, *nourriture*.

Répondre à une question : il n'existe pas de mot pour dire *oui/non* en thaï. Si la question comporte un seul verbe, il suffit de reprendre ce verbe pour dire *oui* ou de placer ไม่ *[mâï]*, *négation* devant le verbe pour dire *non*.

Entraînement – Traduisez les phrases suivantes
1. Y a-t-il un hôtel proche de la maison ?
2. Le restaurant n'est pas proche.
3. **nák-tHɔ̀ɔng-tHîiaw mâï mii boee-tHoo-ra-sàp**
4. **ráan-pHĕɛn-tHîi yòuu tHîi-năï**

Solutions
1. **mii roong-rɛɛm klâï bâan măï**
2. **ráan-aa-Hăan yòuu mâï klâï**
3. Le touriste n'a pas de numéro de téléphone.
4. Où se trouve la boutique [où l'on vend] des cartes (*plans*) ?

↗ 7ᵉ jour

ไปยังไง
Comment y aller ?

1 คุณ รู้จัก ถนน สีลม ไหม ไป ยังไง คะ
kHoun róuu-djàk tHa-nŏn sĭi-lom măï paï yang-ngaï kHá
vous connaître rue Silom est-ce-que aller comment ppfi.
Connaissez-vous la rue Silom ? Comment y aller ?

2 ขึ้น รถเมล์ หน้า โรงแรม ค่ะ
kHûn rót-mee nâa roong-rεεm kHâ
monter bus devant hôtel ppfa.
[Il faut] prendre le bus devant l'hôtel.

3 ที่นั่น มี ร้านอาหาร เยอะ
tHîi-nân mii ráan-aa-Hăan yóe
là-bas avoir restaurant beaucoup-de
Là-bas il y a beaucoup de restaurants.

Notes de Grammaire

Adverbe interrogatif : ยังไง *[yang-ngaï]*, *comment ?* a pour équivalent อย่างไร *[yàang-raï]* dans le registre soutenu.

Se déplacer : pour dire *prendre (un moyen de transport)* en thaï, on utilise le verbe ขึ้น *[kHûn]*, *monter*, suivi du moyen de transport en question, ici, รถเมล์ *[rót-mee]*, *bus*. Ce dernier mot contient le mot รถ *[rót]* signifiant *voiture/véhicule*. Pour dire *descendre (d'un moyen de transport)*, c'est ลง *[long]* + le moyen de transport qui est utilisé.

INITIATION AU THAÏ

Exprimer une position : หน้า *[nâa]* est une préposition signifiant *devant*. Sa forme complète est ข้างหน้า *[kHâang-nâa]*. Son antonyme est หลัง *[lǎng]*, *derrière* (forme complète : ข้างหลัง *[kHâang-lǎng]*).

ที่นั่น *[tHîi-nân]*, *là-bas* est un adverbe de lieu composé de la préposition ที่ *[tHîi]*, *endroit/position* et de นั่น *[nân]*, *cela*. Son antonyme est ที่นี่ *[tHîi-nîi]*, *ici* composé de ที่ *[tHîi]*, *endroit* et de นี่ *[nîi]*, *ceci*.

Exprimer une quantité : เยอะ *[yóe]*, *beaucoup*, contrairement à son équivalent français, est placé <u>après</u> le substantif qu'il quantifie. Il est aussi possible de l'utiliser comme un substantif.

Entraînement – Traduisez les phrases suivantes
1. Comment aller d'ici à l'hôtel ?
2. Il y a beaucoup de monde derrière le restaurant.
3. **tchǎn mâï róuu-djàk tHa-nǒn sòu-kHǒum-wít**
4. **pHǒm kHûn rót paï ráan-aa-hǎan**

Solutions
1. djàak tHîi-nîi paï roong-rɛɛm yang-ngaï
2. mii kHon yóe lǎng ráan-aa-hǎan
3. Je ne connais pas la rue Sukhumvit.
4. Je prends la voiture pour aller au restaurant.

↗ 8ᵉ jour

คุณจะไปไหน

Où irez-vous ?

1. พรุ่งนี้ คุณ จะ ไป ไหน คะ ฉัน จะ ไป กระบี่ ค่ะ
   pHrôung-níi kHoun djà paï năi kHá tchăn djà paï krà-bìi kHâ
   demain vous futur aller où ppfi. je futur aller Krabi ppfa.
   Où irez-vous demain ? Je vais aller à Krabi.

2. คุณ จะ ไป เที่ยว ทะเล ที่ เกาะ ลันตา ไหม
   kHoun djà paï-tHîiaw tHá-lee tHîi kò lan-taa măï
   vous futur aller faire-un-tour mer endroit île Lanta est-ce que
   Est-ce que vous allez faire un tour à la mer, à Koh Lanta ?

3. ไป ค่ะ แต่ จะ ไม่ พัก ที่นั่น
   paï kHâ tèɛ djà mâï pHák tHîi-nân
   aller ppfa. mais futur négation rester là-bas
   Oui, mais je ne resterai pas là-bas.

Notes de Grammaire

Futur : la particule จะ *[djà]* placée devant le verbe principal marque le futur dans l'avenir, ou dans le passé (exprimé par le conditionnel en français). Quand le verbe est à la forme négative, จะ *[djà]* se positionnera devant le mot de négation : จะ ไม่... *[djà mâï...]* + verbe.

Adverbe interrogatif : ไหน *[năï]*, où est une variante de ที่ไหน *[tHîi-năï]*, rencontré au 2ᵉ jour. L'utilisation de ไหน *[năï]* est restreinte, il s'emploie seulement avec certains verbes – de mouvement, ex : ไป *[paï]*, aller, et de localisation, ex : อยู่ *[yòuu]*, être –, alors que ที่ไหน *[tHîi-năï]* fonctionne avec tous les verbes.

INITIATION AU THAÏ

Les phrases simples thaïes peuvent contenir plusieurs verbes dont le sens contribue à l'interprétation globale. Ex : ไปเที่ยว *[paï-tHîiaw]* composé de ไป *[paï]*, *aller* et เที่ยว *[tHîiaw]*, *faire un tour*.

Emploi de ที่ : ที่ *[tHîi]* est un mot signifiant *endroit* qui sert aussi de préposition de lieu, proche de la préposition *à* du français.

Conjonction de coordination : comme son équivalente française, แต่ *[tɛ̀ɛ]*, *mais* relie 2 phrases ou éléments de même fonction grammaticale.

Entraînement – Traduisez les phrases suivantes
1. Je ne vais pas faire un tour à Bangkok.
2. Il y a beaucoup de Français à la mer.
3. **tchăn djà paï pHák tHîi krà-bìi tɛ̀ɛ mâï paï kɔ̀ lan-taa**
4. **kHoun maa djàak năi kHá**

Solutions
1. pHŏm/tchăn djà mâï paï-tHîiaw kroung-tHêep
2. mii kHon fa-ràng-sèet yóe tHîi tHá-lee
3. Je vais rester à Krabi mais je ne vais pas à Koh Lanta.
4. D'où venez-vous ?

9ᵉ jour

คุณพูดภาษาอังกฤษได้ไหม
Savez-vous parler anglais ?

1 ไม่ได้ ครับ แต่ พูด ภาษา ฝรั่งเศส เป็น
   mâï dâï kHráp tɛ̀ɛ pHôuut pHaa-sǎa fa-ràng-sèet pen
   négation possible ppm. mais parler langue français capable
   Non, mais je sais parler français.

2 คุณ พูด ไทย ได้ ด้วย
   kHoun pHôuut tHaï dâï dôuay
   vous parler thaï possible aussi
   Vous pouvez aussi parler thaï !

3 ผม กำลัง เรียน ภาษา ไทย อยู่ ครับ
   pHǒm ka^m-lang riian pHaa-sǎa tHaï yòuu kHráp
   je en-train-de apprendre langue thaï être ppm.
   Je suis en train d'apprendre le thaï !

Notes de Grammaire

La possibilité et la capacité s'expriment avec ได้ *[dâï]*, *possible* et เป็น *[pen]* *capable*, positionné après le groupe verbal. À l'interrogative : ได้ *[dâï]* ou เป็น *[pen]* + particule interrogative. À la négative : ไม่ *[mâï]*, négation + ได้ *[dâï]* ou เป็น *[pen]*. Pour répondre "oui", il suffit de reprendre ได้ *[dâï]* ou เป็น *[pen]* et, dans le cas contraire, y ajouter ไม่ *[mâï]* devant pour répondre "non".

Forme progressive : กำลัง...อยู่ *[ka^m-lang...yòuu]*, *être en train de*. Les 2 composantes de cette formule se placent de part et d'autre du groupe verbal. L'une ou l'autre peut être omise sans modification de sens. À la forme négative, ไม่ได้ *[mâï-dâï]* est placé devant กำลัง...อยู่ *[ka^m-lang...yòuu]*.

INITIATION AU THAÏ

Pour dire "parler une langue", on emploie พูด *[pHôuut], parler* + COD, ex : พูด ภาษา ฝรั่งเศส *[pHôuut pHaa-săa fa-ràng-sèet]* littéralement "parler langue français" *(= parler français)*. On peut aussi omettre ภาษา *[pHaa-săa]*.

Entraînement – Traduisez les phrases suivantes
1. Je (neutre) suis en train de manger.
2. Je (féminin) ne peux pas parler anglais.
3. kHoun pHôuut pHaa-săa tHaï dâï măï
4. pHŏm paï tHa-nŏn sòu-kHŏum-wít pen

Solutions
1. tchăn ka^m-lang kin-kHâaw yòuu
2. dì-tchăn pHôuut pHaa-săa ang-krìt mâï dâï
3. Savez-vous parler thaï ?
4. Je sais aller à la rue Sukhumvit.

↗ 10ᵉ jour

เมื่อวานฉันซื้อตั๋วแล้ว
J'ai déjà acheté [mon] billet hier.

1 คุณ จะ ไป สถานี รถไฟ ใช่ไหม ครับ
kHoun djà paï sa-tHăa-nii rót-faï tchâï măi kHráp
vous futur aller station train exact est-ce que ppm.
Vous allez à la gare, n'est-ce pas ?

2 ใช่ ค่ะ จะ ไป เปลี่ยน วัน เดินทาง ไป เชียงใหม่
tchâï kHâ djà paï plìian wan doeen-tHaang paï tchiiang-màï
exact ppfa. futur aller changer jour voyager aller Chiang-Maï
C'est exact. Je vais changer la date de mon billet pour aller à Chiang Maï.

3 ยังไม่ได้ เปลี่ยน หรือ ครับ
yang-mâï-dâï plìian rŭu kHráp
négation-déjà changer est-ce que ppm.
Ne l'avez-vous pas encore changée ?

Notes de Grammaire

La formule interro-négative est exprimée en thaï par ใช่ไหม *[tchâï măi]* n'est-ce pas ? est-ce que c'est exact ? Aux questions avec ใช่ไหม *[tchâï măi]* on répond : ใช่ *[tchâï]*, exact ou ไม่ใช่ *[mâï tchâï]*, ce n'est pas exact.

Situer dans le temps : แล้ว *[lέεw]*, déjà est ajouté après le verbe principal pour exprimer <u>une action accomplie</u> et non pas le passé. À la forme négative, cela donne : ยังไม่ได้ *[yang-mâï-dâï]*, négation-déjà + verbe. Les temps grammaticaux sont déductibles grâce au contexte et aux adverbes de temps : เมื่อวาน *[mûua-waan]*, hier ; วันนี้ *[wan-níi]*, aujourd'hui ; พรุ่งนี้ *[pHroûng-níi]*, demain.

INITIATION AU THAÏ

Mots composés (suite) : notez la structure substantif + verbe, ex : วันเดินทาง *[wan doeen-tHaang], jour de voyage* (= วัน *[wan] jour* + เดินทาง *[doeen-tHaang], voyager*) et la structure substantif + phrase, ex : ตั๋วไปเชียงใหม่ *[tŏuua paï tchiiang-màï], ticket pour aller à Chiang Mai.*

Entraînement – Traduisez les phrases suivantes
1. C'est ("Ceci est") un ticket de bus, n'est-ce pas (ppfi.) ?
2. Vous avez déjà mangé ?
3. **wan-níi tchăn djà doeen-tHaang paï paa-rîit**
4. **pHŏm djà kHûn rót-faï paï kroung-tHêep dâï tHîi-năï kHráp**

Solutions
1. **nîi kHuu tŏuua rót-mee tchâï măï kHá**
2. **kHoun kin-kHâaw lɛ́ɛw rŭu**
3. Aujourd'hui, je vais voyager à Paris.
4. Où pourrais-je prendre le train pour aller à Bangkok ?

11ᵉ jour

ไปทานข้าวกัน
Allons manger ensemble !

1 ทานข้าว หรือยัง คะ
tHaan-kHâaw rŭu-yang kHá
manger est-ce-que-déjà ppfi.
Avez-vous déjà mangé ?

2 ยัง ครับ หิว มาก แล้ว คุณ ล่ะ
yang kHráp Hĭw mâak lɛ́ɛw kHoun lâ
pas-encore ppm. (avoir)-faim très et vous alors
Pas encore. J'ai très faim, et vous ?

3 ยังไม่ได้ ทาน ค่ะ ฉัน อยาก ทาน อาหาร ไทย
yang-mâï-dâï tHaan kHâ tchăn yàak tHaan aa-Hăan tHaï
négation-déjà manger ppfa. je avoir-envie manger nourriture thaï
Je n'ai pas encore mangé. J'ai envie de manger thaï.

Notes de Grammaire

Variantes lexicales : ทาน *[tHaan]*, *manger* est une variante soutenue de กิน *[kin]* qu'elle peut remplacer dans tous les circonstances. Ex : กินข้าว *[kin-kHâaw]* ou ทานข้าว *[tHaan-kHâaw]*, *manger*.

S'interroger sur l'accomplissement d'une action : หรือยัง *[rŭu-yang]*, *est-ce-que-déjà ?* vient clore la question. On répond par *déjà* (verbe + แล้ว *[lɛ́ɛw]*, *déjà*) ou simplement par *pas encore* : ยัง *[yang]*.

Adverbe d'intensité : en voici un exemple avec มาก *[mâak]*, *très*.

INITIATION AU THAÏ

Retourner une question : แล้ว...ล่ะ *[lέεw...lâ], et...alors ?* est une formule employée pour retourner une question à son interlocuteur.

Emplois de กัน : le pronom กัน *[kan]* a plusieurs fonctions. Ici, il prend le sens d'*ensemble* et, placé derrière un verbe (+ complément), il sert à formuler une invitation comme "Allons manger ensemble !"

Auxiliaire : อยาก *[yàak]*, placé devant le verbe principal, signifie *vouloir* (dans le sens de *avoir envie*). À la forme négative, อยาก *[yàak]* + verbe devient : ไม่ *[mâï], négation* + อยาก *[yàak]* + verbe.

Entraînement – Traduisez les phrases suivantes
1. Allons voyager en Thaïlande !
2. Avez-vous déjà faim ? (ppm.)
3. dì-tchăn yang-mâï-dâï paï tchiiang-màï
4. nák-tHɔ̀ɔng-tHîiaw yàak kHûn rót-faï

Solutions
1. paï tHîiaw prà-tHêet tHaï kan
2. kHoun Hïw rǔu-yang kHráp
3. Je ne suis pas encore allée à Chiang Maï.
4. Le touriste voudrait prendre le train.

↗ 12ᵉ jour

รับอะไรคะ
Que désirez-vous ?

1 ขอ สั่ง อาหาร ครับ
kHɔ̆ɔ sàng aa-Hăan kHráp
vouloir commander nourriture ppm.
Je voudrais commander, s'il vous plaît.

2 ได้ ค่ะ รับ อะไร คะ
dâi kHâ ráp à-raï kHá
possible ppfa. recevoir quoi ppfi.
Oui, que prendrez-vous ?

3 เอา แกง มัสมั่น หนึ่ง ที่ และ ข้าว สอง จาน
ao kɛɛng mát-sa-màn nùng tHîi lɛ́ kHâaw sɔ̆ɔng djaan
prendre soupe matsaman un endroit-(class.) et riz deux assiette-(part.)
Je prendrai une portion de curry matsaman, et deux assiettes de riz

4 และ กาแฟ เย็น หนึ่ง แก้ว ครับ
lɛ́ kaa-fɛɛ yen nùng kɛ̂ɛw kHráp
et café froid un verre-(part.) ppm.
et un verre de café glacé.

Notes de Grammaire

Pour commander : ขอ *[kHɔ̆ɔ]* est un verbe signifiant *vouloir*, avec un sens de requête comme dans le conditionnel en français : *je voudrais*. รับ *[ráp]*, signifie *recevoir* mais il se traduira dans un registre poli par *prendre*, dont la forme dans le registre courant est เอา *[ao]*.

INITIATION AU THAÏ

Dire une quantité : pour dire *2 assiettes de riz*, la structure employée est substantif + nombre + mot partitif, ex : ข้าว สอง จาน *[kHâaw sɔ̌ɔng djaan]*. Elle est aussi valable pour les unités de mesure. Ex : ข้าว หนึ่ง กิโลกรัม *[kHâaw nùng kì-loo-kram], un kilo de riz*.

Mots partitifs : จาน *[djaan]*, *assiette* et แก้ว *[kêɛw]*, *verre* sont deux substantifs qui fonctionnent ici comme des mots partitifs. Ils portent alors la mention **-(part.)** dans le mot à mot. ที่ *[tHîi]*, litt. **"endroit-(class.)"**, qui prend le sens de *portion*, est aussi très utile.

Entraînement – Traduisez les phrases suivantes
1. Je voudrais deux cafés s'il vous plaît (ppm.).
2. J'ai envie de manger du riz et du curry Matsaman.
3. **kHoun djà ráp à-raï kHá**
4. **pHǒm kHɔ̌ɔ pHɛ̌ɛn-tHîi kroung-tHêep dâï mǎi kHráp**

Solutions
1. kHɔ̌ɔ kaa-fɛɛ sɔ̌ɔng kɛ̂ɛw kHráp
2. pHǒm/tchǎn yàak kin kHâaw lé kɛɛng mát-sa-màn
3. Que désirez-vous ?
4. Pourrais-je avoir le plan de Bangkok ?

⇾ 13ᵉ jour

คุณไปซื้อของมาหรือคะ
Êtes-vous allé faire des courses ?

1 ฉัน ไป ประตูน้ำ มา ค่ะ คุณ เคย ไป ไหม
   tchăn païˇ prà-touu-ná^m maa kHâ kHoun kHoeey païˇ mǎï
   je aller Pratunam venir ppfa. vous avoir-expérience aller est-ce-que
   Je suis allée à Pratunam. Vous y êtes déjà allé ?

2 ไม่ เคย ค่ะ คุณ ได้ อะไร มา คะ
   mâï kHoeey kHâ kHoun dâï à-raï maa kHá
   négation avoir-expérience ppfa. vous obtenir quoi venir ppfi.
   Jamais. Qu'avez-vous acheté ?

3 ได้ เสื้อ ห้า ตัว และ กระเป๋า สอง ใบ
   dâï sûua Hâa touua lé krà-pǎo sɔ̌ɔng baï
   obtenir chemise cinq corp-(class.) et sac deux feuille-(class.)
   J'ai acheté cinq chemises et deux sacs.

Notes de Grammaire

Verbes : มา *[maa]*, *venir* peut fonctionner comme auxiliaire (placé <u>derrière</u> le groupe verbal) pour exprimer que le sujet a accompli une action et qu'il est de retour. Pour dire que l'on a *fait l'expérience de qqch.*, on emploie เคย *[kHoeey]* (ou ไม่ เคย *[mâï kHoeey]*, à la forme négative) suivi de l'action en question. Dans le cas d'une question, on répondra เคย *[kHoeey]*, *oui*, ou ไม่ เคย *[mâï kHoeey]*, *non*. Quant à ได้ *[dâï]*, il fonctionne ici comme un verbe principal prenant le sens d'*obtenir*. À ne pas confondre avec ได้ *[dâï]* *possible*, vu au 9ᵉ jour.

Dénombrer : pour dire *cinq chemises*, la structure employée est substantif + nombre + classificateur, ex : เสื้อ ห้า ตัว *[sûua Hâa touua]*. Nous avons abrégé "classificateur" en **-(class.)** dans le mot à mot. Chaque nom dénombrable est associé à un classificateur regroupant d'autres substantifs dont la forme, le sens ou la fonction sont proches. Ainsi, ตัว *[touua]* est un classificateur employé avec les animaux, les vêtements, certains meubles, et ใบ *[baï]* est utilisé avec les feuilles, les récipients, certains objets ronds ou les sacs.

Entraînement – Traduisez les phrases suivantes
1. Je veux un sac.
2. Vous avez déjà visité Paris ?
3. dì-tchăn mâï-kHoeey paï prà-touu-ná^m
4. pHŏm dâï tŏuua paï tchiiang-mäï sɔ̆ɔng baï

Solutions
1. pHŏm/tchăn yàak dâï krà-păo nùng baï
2. kHoun kHoeey paï-tHîiaw paa-rîit măï
3. Je ne suis jamais allée à Pratunam.
4. J'ai obtenu deux tickets pour aller à Chiang Mai.

↗ 14ᵉ jour

เสื้อตัวนี้ราคาเท่าไหร่คะ
Combien coûte-elle cette chemise-ci ?

1 เสื้อ ตัว ไหน คะ
sûua touua năĭ kHá
chemise corp-(class.) quel ppfi.
Quelle chemise ?

2 เสื้อ ตัว สี เหลือง ตัว นี้ ค่ะ
sûua touua sĭi lŭuang touua níi kHâ
chemise corp-(class.) couleur jaune corp-(class.) ci ppfa.
Cette chemise-ci, la jaune.

3 เสื้อ ตัว นั้น ราคา สองร้อย บาท ค่ะ
sûua touua nán raa-kHaa sɔ̆ɔng-rɔ́ɔy bàat kHâ
chemise corp-(class.) là coûter deux-cents baht ppfa.
Cette chemise-là coûte deux cents baht.

Notes de Grammaire

Adjectifs : *une grande chemise* se dit เสื้อ ตัว ใหญ่ *[sûua touua yàĭ]*, selon la structure nom + classificateur + adjectif. L'adjectif pourrait aussi être exprimé par un mot ayant trait à une description de l'état ou des propriétés de l'objet. Dans certains cas, le classificateur peut être omis.

Adjectifs démonstratifs : la structure classificateur + nom + นี้ *[níi]*, *ci*, ou นั้น *[nán]*, *là*, permet de traduire les formules *ce/cette…-ci* ou *ce/cette…-là*. Ils sont différents de นี่ *[nîi]*, *ceci* et นั่น *[nân]*, *cela*, rencontrés au 2ᵉ jour, seulement du point de vue du ton employé pour les prononcer.

INITIATION AU THAÏ

Adjectif interrogatif : ไหน *[năï], quel*, sert à identifier un objet. Mais pour questionner sur l'identité/les caractéristiques de l'objet, c'est อะไร *[à-raï], quoi* qui est utilisé. Reportez-vous au 2ᵉ jour.

Dire un prix : le nom ราคา *[raa-kHaa]* signifie *prix* alors qu'ici, employé comme un verbe, il signifie *coûter*. Lorsque l'on demande un prix, on dit ราคาเท่าไหร่ *[raa-kHaa tHâo-ràï]* et pour répondre il suffit d'utiliser la structure : ราคา *[raa-kHaa]* + nombre + nom de la devise.

Entraînement – Traduisez les phrases suivantes
1. Ce sac(-là) coûte combien (ppm.) ?
2. Cette grande chemise(-là) coûte cinq cents baht.
3. **kaa-fɛɛ kêɛw níi raa-kHaa tHâo-ràï**
4. **krà-păo baï năï raa-kHaa sɔ̆ɔng-rɔ́ɔy bàat**

Solutions
1. krà-păo baï nán raa-kHaa tHâo-ràï kHráp
2. sûua touua yàï touua nán raa-kHaa Hâa-rɔ́ɔy bàat
3. Combien coûte ce café ?
4. Quel sac coûte deux cents baht ?

↗ 15ᵉ jour

กี่บาท
Combien de baht ?

1 แว่นตา สี แดง อัน นี้ ราคา กี่ บาท คะ
wɛ̂ɛn-taa sǐi dɛɛng an níi raa-kHaa kìi bàat kHá
lunette couleur rouge pièce-(class.) ci coûter combien-de baht ppfi.
Cette paire[-ci] de lunettes rouges, combien de baht coûte-t-elle ?

2 อัน ละ ห้าร้อย บาท ครับ
an lá Hâa-rɔ́ɔy bàat kHráp
pièce-(class.) chaque cinq-cents baht ppm.
Cinq cents baht la paire.

3 แว่นตา อัน ที่ สาม อัน นั้น ราคา แปดร้อย ครับ
wɛ̂ɛn-taa an tHîi sǎam an nán raa-kHaa pɛ̀ɛt-rɔ́ɔy kHráp
lunette pièce-(class.) endroit trois pièce-(class.) là coûter huit-cents ppm.
Cette troisième paire[-là], coûte huit cents baht.

Notes de Grammaire

Classificateur : อัน *[an]* est un classificateur générique signifiant *pièce* (dans le sens de *machin*, *truc*). Il regroupe les outils/ustensiles et éléments dont la forme n'est pas classifiable.

Adjectif interrogatif : กี่ *[kìi], combien de… ?* porte sur le mot บาท *[bàat] baht*, la devise thaïe. กี่ บาท *[kìi bàat]* signifie *combien de baht ?* บาท *[bàat]* peut être remplacé par d'autres mots partitifs ou classificateurs.

INITIATION AU THAÏ

Pour exprimer un prix à l'unité on emploie la structure classificateur (associé à l'objet) + ละ *[lá]*, chaque + prix. Vous pouvez varier les termes pour exprimer d'autres choses, ex : *500 baht par personne* se dit คนละห้าร้อยบาท *[kHon lá Hâa-rɔ́ɔy bàat]*.

Les nombres ordinaux se forment en préfixant ที่ *[tHîi]*, endroit aux nombres cardinaux, sans exception. Ex : ที่หนึ่ง *[tHîi-nùng]*, premier. En phrase 3, vous voyez la structure nombre ordinal ที่สาม *[tHîi-săam]* + nom + démonstratif นั้น *[nán]*. Remarquez aussi qu'il y a toujours un classificateur devant un adjectif.

Entraînement – Traduisez les phrases suivantes
1. Combien de baht coûte le riz (par assiette) ?
2. Ce sac jaune(-là) coûte deux cents euros (l'unité).
3. **tŏuua paï tchiiang-màï baï lá Hâa-rɔ́ɔy bàat**
4. **sûua touua tHîi sɔ̌ɔng maa djàak fa-ràng-sèet**

Solutions
1. **kHâaw djaan lá kìi bàat**
2. **krà-pǎo sĭi lŭuang baï nán baï lá sɔ̌ɔng-rɔ́ɔy youu-roo**
3. Le ticket pour Chiang Mai coûte cinq cents baht.
4. La deuxième chemise vient de France.

↗ 16ᵉ jour

กี่โมง
Quelle heure est-il ?

1 ตอนนี้ กี่ โมง แล้ว คะ
tɔɔn-níi kìi moong lɛ́ɛw kHá
moment-ci combien-de heure-journée déjà ppfi.
Quelle heure est-il maintenant ?

2 บ่าย สอง โมง ห้าสิบ นาที ค่ะ
bàay sɔ̌ɔng moong Hâa-sìp naa-tHii kHâ
après-midi deux heure-journée cinquante minute ppfa.
Il est quatorze heures cinquante.

3 คุณ ต้อง ถึง สถานี รถไฟ ตอน ไหน คะ
kHoun tɔ̂ɔng tHǔng sa-tHǎa-nii rót-faï tɔɔn nǎï kHá
vous devoir arriver station train moment quel ppfi.
À quel moment devez-vous arriver à la gare ?

4 ตอน หนึ่ง ทุ่ม ครึ่ง ค่ะ
tɔɔn nùng tHôum kHrûng kHâ
moment un heure-nuit demi ppfa.
À dix-neuf heures trente.

Notes de Grammaire

Situer dans le temps : ตอน *[tɔɔn]*, *moment* permet de former les mots composés exprimant le temps ตอนนี้ *[tɔɔn-níi]*, *maintenant/ en ce moment* et ตอนนั้น *[tɔɔn-nán]*, *à ce moment-là*. La question *à quel moment ?* se dit ตอนไหน *[tɔɔn-nǎï]* (= ตอน *[tɔɔn]*, *moment* + ไหน *[nǎï]*, *quel ?*). ตอน *[tɔɔn]*, *moment* peut se combiner avec d'autres mots comme เช้า *[tcháo]*, *matin* ou เย็น *[yen]*, *soir* pour donner ตอนเช้า *[tɔɔn-tcháo]*, *la matinée* et ตอนเย็น *[tɔɔn-yen]*, *le soir/la soirée*, par exemple.

INITIATION AU THAÏ

Auxiliaire : ต้อง *[tôong]*, devoir est un auxiliaire qui se place devant le verbe principal. Dans une phrase négative, la négation ไม่ *[mâï]* peut se positionner soit devant ต้อง *[tôong]* (négation de l'obligation) soit devant le verbe principal (négation de l'action), selon le sens souhaité.

Entraînement – Traduisez les phrases suivantes
1. Je dois aller à la gare [dans] la matinée.
2. À quel moment êtes-vous arrivé en Thaïlande ?
3. mûua-waan kHoun tHŭng roong-rɛɛm kìi moong
4. tɔɔn-níi pHŏm yòuu tHîi năï

Solutions
1. pHŏm/tchăn tôong paï sa-tHăa-nii rót-faï tɔɔn-tcháo
2. kHoun maa tHŭng prà-tHêet tHaï tɔɔn-năï
3. À quelle heure êtes-vous arrivé à l'hôtel hier ?
4. Où suis-je maintenant ?

↗ 17ᵉ jour

ผมอาจจะตกรถไฟ
Je vais peut-être rater mon train !

1 คุณ คิด ว่า รถ จะ ติด ไหม ครับ
kHoun kHít wâa rót djà tìt măï kHráp
vous pensez que voiture futur coller est-ce-que ppm.
Pensez-vous qu'il y aura des embouteillages ?

2 อาจจะ ไม่ ติด ค่ะ
àat-djà mâï tìt kHâ
peut-être négation coller ppfa.
[Il n'y en aura] peut-être pas.

3 ขอ ให้ ไม่ ติด ถ้าไม่อย่างนั้น ผม อาจจะ ตก รถไฟ
kHɔ̌ɔ Hâï mâï tìt tHâa-mâï-yàang-nán pHŏm àat-djà tòk rót-faï
vouloir que négation coller sinon je peut-être tomber train
Je l'espère ! Sinon, je vais peut-être rater mon train.

Notes de Grammaire

Conjonctions de subordination : ว่า *[wâa]* et ให้ *[Hâï]* se traduisent tous les deux par *que*. Le 1ᵉʳ s'applique quand le sens du verbe de la principale touche au mode d'expression ou de pensée, comme พูด *[pHôuut]*, *parler* ou คิด *[kHít]* *penser* et le 2ᵉ, quand le verbe exprime une demande, un souhait ou une obligation, comme ขอ *[kHɔ̌ɔ]*, *vouloir*.

La condition s'exprime avec ถ้า *[tHâa]*, *si*. ถ้าไม่อย่างนั้น *[tHâa-mâï-yàang-nán]*, *sinon* peut être abrégé en ไม่อย่างนั้น *[mâï-yàang-nán]*.

INITIATION AU THAÏ

Vocabulaire : *embouteillages* se traduit en thaï par la phrase รถ ติด *[rót tit]*, litt., "voiture coller" (รถ ไม่ ติด *[rót mâï tit]* à la forme négative). "Rater le train, l'avion, etc." se dit ตก *[tòk]*, tomber + le moyen de transport.

Exprimer l'incertitude : อาจจะ *[àat-djà]*, peut-être est un auxiliaire qui ajoute un sens d'incertitude. Il est placé devant le verbe principal.

Entraînement – Traduisez les phrases suivantes
1. Je pense que vous êtes français.
2. Vous ne pourrez peut-être pas faire un tour à la mer.
3. tchăn kHǒɔ Hâï kHoun mâï tòk rót-mee
4. tHâa pHǒm Hǐw pHǒm djà paï kin-kHâaw tHîi roong-rɛɛm

Solutions
1. pHǒm/tchăn kHít wâa kHoun pen kHon fa-ràng-sèet
2. kHoun àat-djà paï-tHîiaw tHá-lee mâï dâï
3. Je souhaite que vous ne ratiez pas votre bus.
4. Si j'ai faim, j'irai manger à l'hôtel.

↗ 18ᵉ jour

รถไฟคุณอยู่ชานชาลาไหนคะ
À quel quai se trouve votre train ?

1 ดีใจ ที่ เรา มา ทันเวลา
dii-djaï tHîi rao maa tHan-wee-laa
heureux que nous venir à-temps
Je suis heureux que nous arrivions à temps.

2 รถไฟ ของ ผม อยู่ ชานชาลา สอง ครับ
rót-faï kHɔ̌ong pHǒm yòuu tchaan-tchaa-laa sɔ̌ong kHráp
train de je être quai deux ppm.
Mon train est au quai numéro 2.

3 เรา เดิน ไป กัน เถอะ ค่ะ รถ จะ ออก แล้ว
rao doeen paï kan tHòe kHâ rót djà ɔ̀ɔk lɛ́ɛw
nous marcher aller ensemble particule-suggestion ppfa. voiture futur sortir déjà
Allons-y. Le train va bientôt partir !

Notes de Grammaire

Conjonction de subordination : ที่ *[tHîi]*, *que* est utilisé quand le verbe de la principale a trait à un sentiment comme ดีใจ *[dii-djaï]*, *heureux*, เสียใจ *[sǐia-djaï]*, *malheureux* ou ยินดี *[yin-dii]*, *enchanté*. Ce mot ที่ *[tHîi]* est également traduisible en *de* quand la phrase qui suit ne contient pas de pronom.

La possession s'exprime en mettant un pronom personnel derrière le substantif. Ex : รถไฟคุณ *[rót-faï kHoun]*, *votre train*. On peut ou non placer ของ *[kHɔ̌ong]*, *de* entre le substantif et le pronom.

Se déplacer : la formule เดิน ไป *[doeen paï]* littéralement "marcher aller" (phrase 3) traduit le fait de marcher depuis le lieu où tient place la conversation vers un autre endroit. À l'inverse, เดิน มา *[doeen maa]* = marcher d'un endroit éloigné vers le lieu de conversation.

Particule : เถอะ *[tHòe]* est une particule qui suit généralement la phrase ayant un sens de suggestion ou d'invitation.

Entraînement – Traduisez les phrases suivantes
1. Je viens à la gare à pied.
2. Où se trouve votre hôtel ?
3. **yin-dii tHîi róuu-djàk kHoun**
4. **bâan pHŏm yòuu mâï klaï djàak tHîi-nîi**

Solutions
1. pHŏm/tchăn doeen maa sa-tHăa-nii rót-faï
2. roong-rεεm kHoun yòuu tHîi-năï
3. Je suis ravi de vous connaître.
4. Ma maison n'est pas loin d'ici.

↗ 19ᵉ jour

ผมจะไปทะเลที่พัทยาครับ
Je vais aller à la mer à Pattaya.

1 ทำไม ไม่ ไป เกาะล้าน ล่ะ คะ
tHaᵐ-maï mâï paï kò-láan lâ kHá
pourquoi négation aller île-Lan particule-atténuante ppfi.
Pourquoi n'iriez-vous pas à Koh Lan ?

2 ทะเล สวย กว่า น่าไป กว่า
tHá-lee sŏuuay kwàa nâa-paï kwàa
mer beau plus digne-de-aller plus
La mer est plus belle et ça vaut davantage le coup d'y aller !

3 เพราะว่า ไป พัทยา สะดวก ที่สุด
pHró-wâa paï pHát-tHa-yaa sà-dòuuak tHîi-sòut
parce-que aller Pattaya pratique le plus
[Mais] c'est qu'il est plus pratique d'aller à Pattaya.

Notes de Grammaire

Questions / réponses : *Pourquoi ?* se dit ทำไม *[tHaᵐ-maï]*. Pour répondre, utilisez เพราะว่า *[pHró-wâa]*, *parce que*, parfois abrégé en เพราะ *[pHró]*.

Particule : ล่ะ *[lâ]* vient s'ajouter en fin de phrase avant les particules de politesse pour atténuer les questions et les suggestions.

Comparaison : pour exprimer le comparatif de supériorité, il suffit d'ajouter le mot กว่า *[kwàa]*, *plus* derrière le mot sur lequel porte la comparaison. Ex : สวย *[sŏuuay]*, *belle* donne le comparatif สวย กว่า *[sŏuuay kwàa]*, *plus belle*. Pour le superlatif, le mot ที่สุด *[tHîi-sòut]*, *le plus* est utilisé, ex : สวย ที่สุด *[sŏuuay tHîi-sòut]* *la plus belle*.

Vocabulaire : le mot น่าไป *[nâa-païe]*, *donner envie d'aller* est composé de น่า *[nâa]*, litt. "digne de" + ไป *[païe]*, *aller*. น่า *[nâa]* est ajouté devant des verbes pour les transformer en adjectifs, ex : น่ากิน *[nâa-kin]*, *appétissant*, *qui donne envie de manger*, ou bien น่ารัก *[nâa-rák]* *mignon*, *qui donne envie d'aimer*.

Entraînement — Traduisez les phrases suivantes
1. Pourquoi voulez-vous parler thaï ?
2. Parce que je vais aller en Thaïlande.
3. tHîi-nîi sŏuuay kwàa tHîi-nân
4. kɛɛng mát-sa-màn nâa-kin mâak

Solutions
1. tHa^m-maï kHoun yàak pHôuut pHaa-săa tHaï
2. pHró-wâa pHŏm/tchăn djà paï prà-tHêet tHaï
3. Ici, c'est plus beau que là-bas.
4. Le curry Matsaman est très appétissant.

↗ 20ᵉ jour

ที่นี่สูบบุหรี่ได้ไหมครับ
Est-il possible de fumer ici ?

1 ที่นี่ ห้าม สูบ บุหรี่ ข้างใน ครับ
tHîi-nîi Hâam sòuup bòu-rìi kHâang-naï kHráp
ici interdire fumer cigarette intérieur ppm.
Ici, il est interdit de fumer à l'intérieur.

2 กรุณา สูบ ข้างนอก
ka-róu-naa sòuup kHâang-nɔ̂ɔk
prier-de fumer extérieur
Je vous prie de fumer à l'extérieur.

3 แต่ อย่า สูบ เยอะ นะ ครับ
tɛ̀ɛ yàa sòuup yóe ná kHráp
mais négation-(impératif) fumer beaucoup particule-atténuante ppm.
Mais ne fumez pas trop.

Notes de Grammaire
Vocabulaire : le sens du mot สูบ *[sòuup]* varie en fonction de son COD. Employé avec บุหรี่ *[bòu-rìi]*, *cigarette*, il signifie *fumer une cigarette*. Dans les phrases 2 et 3, สูบ *[sòuup]* est utilisé sans COD mais l'on peut déduire grâce au contexte qu'il a le sens de *fumer*, alors que, sans contexte, il est difficile de traduire. Dans un autre contexte, สูบ น้ำ *[sòuup ná^m]* signifie *pomper de l'eau*.

L'interdiction s'exprime de 2 façons. La 1ʳᵉ est ห้าม *[Hâam]*, *interdire* + verbe. Ex : ห้าม กิน *[Hâam kin]*, *interdire de manger*. La 2ᵉ est อย่า *[yàa]*, *négation-(impératif)* + verbe. อย่า *[yàa]* est une forme de négation propre à l'impératif. อย่า กิน *[yàa kin]* signifie donc *Ne mangez pas !*

INITIATION AU THAÏ

Atténuation : les Thaïlandais aiment bien nuancer l'intention exprimée dans une phrase par l'ajout de particules atténuatives comme นะ *[ná]* à la fin. นะ *[ná]* s'utilise pour les ordres ou les invitations.

Pour exprimer une demande polie, on emploie le mot กรุณา *[ka-róu-naa]*, *prier-de* devant le verbe.

Entraînement – Traduisez les phrases suivantes
1. Il est interdit de manger à l'intérieur du bus.
2. N'achetez pas cette chemise-là. Celle-ci est plus belle.
3. ka-róu-naa yàa sòuup bòu-rìi kHâang-naï roong-rεεm
4. pHŏm yàak paï sòuup bòu-rìi kHâang-nɔ̀ɔk

Solutions
1. Hâam tHaan-aa-Hǎan kHâang-naï rót-mee
2. yàa súu sûua touua nán touua níi sŏuuay kwàa
3. Ne pas fumer à l'intérieur de l'hôtel.
4. Je veux aller fumer dehors.

↗ 21ᵉ jour

สถานีตำรวจ
Poste de police

1 ผม ทำ กระเป๋าสตางค์ หาย ครับ
pHŏm tHaᵐ krà-păo-sa-taang Hăay kHráp
je faire portefeuille perdre ppm.
J'ai perdu mon portefeuille !

2 อาจจะ ถูก ขโมย
àat-djà tHòuuk kHa-mooy
peut-être passif voler
Il a peut-être été volé ?

3 ควรจะ ไป แจ้งความ นะ คะ
kHouuan-djà paï djêεng-kHwaam ná kHá
valoir-mieux aller porter-plainte particule-atténuant ppfi.
Il vaut mieux aller porter plainte.

Notes de Grammaire

Verbes : les structures grammaticales peuvent différer entre le thaï et le français comme dans l'exemple du verbe *perdre (un objet)*. En français, il s'agit d'un verbe transitif qui attend un COD, alors qu'en thaï, le verbe หาย *[Hăay]*, *perdre* est un verbe intransitif avec l'objet perdu comme sujet. Pour dire *j'ai perdu mon portefeuille*, il faut utiliser une structure causale avec le verbe ทำ *[tHaᵐ]*, *faire* : littéralement "Je faire portefeuille perdre". Il est nécessaire de connaître la nature des verbes en thaï pour pouvoir employer une construction correcte.

Voix passive : pour former des phrases passives, il faut déplacer l'objet subi par l'action en tête de phrase et mettre le mot ถูก *[tHòuuk] passif* après l'objet subi. Par exemple, la phrase active ใคร ขโมย กระเป๋า *[kHraï kHa-mooy krà-pǎo], Qui a volé le portefeuille ?* donnera à la voix passive กระเป๋า ถูก ใคร ขโมย *[krà-pǎo tHòuuk kHraï kHa-mooy], Par qui le portefeuille a-t-il été volé ?*

Auxiliaire : placé devant le verbe principal, ควรจะ *[kHouuan-djà], mieux valoir* est un auxiliaire qui a un sens d'obligation.

Entraînement – Traduisez les phrases suivantes
1. J'ai perdu mon sac à Bangkok.
2. Vous devriez aller apprendre le thaï.
3. wêɛn-taa tchǎn tHòuuk kHa-mooy
4. kHoun kHouuan-djà paï djêɛng-kHwaam tHîi sa-tHǎa-nii ta^m-ròuuat

Solutions
1. pHǒm/tchǎn tHa^m krà-pǎo Hǎay tHîi kroung-tHêep
2. kHoun kHouuan-djà paï riian pHaa-sǎa tHaï
3. Mes lunettes ont été volées.
4. Vous devez aller porter plainte au poste de police.

Conversation

↗ **Premiers contacts**
Salutations
Pour dire "bonjour"

En Thaïlande, échanger une poignée de main à l'européenne pour se saluer devient une pratique courante mais, selon la coutume, on fait plutôt le geste du ไหว้ "Wai" qui consiste à joindre les mains paume contre paume au niveau de la poitrine en inclinant légèrement la tête. Lorsque l'on s'adresse à des personnes plus âgées que soi ou à qui l'on doit une certaine déférence, il convient de monter les mains plus haut vers le visage et de baisser davantage la tête pour faire preuve de respect.

Notez que la politesse s'exprime aussi dans les phrases affirmatives par l'emploi de particules finales de politesse qui sont ครับ *[kHráp]* lorsque la personne qui parle est un homme et ค่ะ *[kHâ]* lorsque c'est une femme. Dans les phrases interrogatives, elles sont remplacées par ครับ *[kHráp]* et คะ *[kHá]*, respectivement.

Bienvenue !	ยินดีต้อนรับ	*yin-dii-tôɔn-ráp*
Bonjour !	สวัสดี / หวัดดี	*sa-wàt-dii / wàt-dii*
Bonjour ! (formel)	อรุณสวัสดิ์	*a-roun-sa-wàt*

Il y a trois façons de dire "bonjour" en thaï : la première, สวัสดี *[sa-wàt-dii]* est la plus courante et s'emploie à n'importe quelle heure de la journée. La deuxième, หวัดดี *[wàt-dii]*, est sa forme abrégée qui s'emploie exclusivement entre proches. La troisième, อรุณสวัสดิ์ *[a-roun-sa-wàt]*, plus formelle et élégante, s'emploie rarement et uniquement le matin jusqu'à 10 h au plus tard. Vous noterez qu'il n'y a pas d'équivalent de "bonsoir" en thaï.

Pour prendre congé

Je m'en vais.	ไปก่อน / ไปละ	paï-kɔ̀ɔn / paï-lâ
Au revoir !	ลาก่อน	laa-kɔ̀ɔn
Bonne nuit !	ราตรีสวัสดิ์	raa-trii-sa-wàt

Il est très fréquent d'utiliser simplement le mot สวัสดี *[sa-wàt-dii]* pour prendre congé. Mais vous pouvez également combiner les différentes formules pour dire par exemple : ไปก่อน/ไปละ/ลาก่อน สวัสดี *[paï-kɔ̀ɔn/paï-lâ/laa-kɔ̀ɔn sa-wàt-dii]*, *Je m'en vais, au revoir !* Notez que : ลาก่อน *[laa-kɔ̀ɔn]*, *Au revoir !* est souvent utilisé au moment de se séparer, sans savoir "quand" on va se revoir et que ราตรีสวัสดิ์ *[raa-trii-sa-wàt]* s'emploie uniquement pour se souhaiter bonne nuit.

Vous pourrez dire également :

À la prochaine ! "et rencontrer mutuellement (nouveau)"	แล้วพบกัน (ใหม่)	lɛ́ɛw-pHóp-kan (-màï)

À un de ces jours ! "un jour futur"	วันหลังพบกัน (ใหม่) / วันหน้าพบกัน (ใหม่)	wan-lăng pHóp-kan (-màï) / wan-nâa pHóp-kan (-màï)
À demain !	พรุ่งนี้พบกัน (ใหม่)	pHrôung-níi pHóp-kan(-màï)
On se revoit après-demain !	พบกัน (ใหม่) มะรืนนี้	pHóp-kan(-màï) má-ruun-níi

Dans ces formules, le mot ใหม่ *[màï]*, qui signifie *nouveau* ou ici, *à nouveau*, n'est pas obligatoire, c'est pourquoi nous l'avons indiqué entre parenthèses. Par ailleurs, vous pouvez ajouter indifféremment avant ou après l'expression "On se revoit…", les indicateurs temporels comme : พรุ่งนี้ *[pHrôung-níi]*, *demain*, มะรืนนี้ *[má-ruun-níi]*, *après-demain*, etc.

Remercier

Merci !	ขอบคุณ / ขอบใจ	kHòop-kHoun / kHòop-djaï

Le mot ขอบคุณ *[kHòop-kHoun]* est plus courant que ขอบใจ *[kHòop-djaï]* qui est davantage employé entre jeunes ou entre amis. Vous pouvez en accentuer le sens en ajoutant le terme มาก *[mâak]*, *beaucoup/très*, derrière lui.

Et pour développer :

Merci pour...	ขอบคุณที่...	kHòop-kHoun tHîi...
votre aide.	ช่วย(เหลือ)	tchôuuay(-lǔua)
vos conseils.	แนะนำ	né-na^m
vos explications.	อธิบาย	a-tHí-baay

Merci pour tout !

ขอบคุณสำหรับทุกอย่าง
kHòop-kHoun sǎ^m-ràp tHóuk-yàang

Si c'est vous que l'on remercie, vous pouvez répondre par :

Avec plaisir !

ด้วยความยินดี ครับ/ค่ะ
dôuuay-kHwaam-yin-dii kHráp/kHâ

Je vous en prie !

ไม่เป็นไรครับ/ค่ะ
mâï-pen-raï kHráp/kHâ

Notez que cette dernière phrase peut aussi se traduire par :
Ça ne fait rien / Ce n'est pas grave.

S'excuser

Excusez-moi !	ขอโทษ	kHɔ̌ɔ-tHôot
Pardon !	ขอโทษ	kHɔ̌ɔ-tHôot

Comme avec มาก *[mâak]*, *beaucoup*, ici le mot จริงๆ *[djing-djing]*, *vraiment* peut être ajouté à la suite pour en renforcer le sens.

Si vous êtes en retard, en avance, ou si vous faites attendre quelqu'un, vous direz :

Excusez-moi de...	ขอโทษที่...	kHɔ̌ɔ-tHôot tHîi...
arriver avant l'heure.	มาก่อนเวลา	maa kɔ̀ɔn wee-laa
arriver en retard.	มาช้า	maa tcháa
être en retard.	มาสาย	maa sǎay
ne pas être arrivé(e) à l'heure.	มาไม่ตรงเวลา	maa mâï trong wee-laa
ne pas être arrivé(e) à temps.	มาไม่ทันเวลา	maa mâï tHan wee-laa

CONVERSATION

Rendre visite / se retrouver

Lorsque vous rendez visite à quelqu'un, que vous allez chercher une personne ou que vous avez rendez-vous avec elle, voici quelques formules à employer :

venir voir… (chercher qqn)	มาหา…	maa Hăa…
venir voir… (rencontrer qqn)	มาพบ…	maa pHóp…
avoir rendez-vous avec…	มีนัดกับ…	mii nát kàp…

Bonjour, je suis venu(e) voir Monsieur/Madame/Mademoiselle…

สวัสดี ครับ/ค่ะ ผม/ฉัน มาหา คุณ… ครับ/ค่ะ
sa-wàt-dii kHráp/kHâ pHŏm/tchăn maa Hăa kHoun… kHráp/kHâ

Bonjour, j'ai rendez-vous avec Monsieur/Madame/Mademoiselle…

สวัสดี ครับ/ค่ะ ผม/ฉัน มีนัดกับ คุณ… ครับ/ค่ะ
sa-wàt-dii kHráp/kHâ pHŏm/tchăn mii nát kàp kHoun… kHráp/kHâ

Bonjour, Monsieur/Madame/Mademoiselle… est-il là/est-elle là ?

สวัสดี ครับ/ค่ะ คุณ… อยู่ไหมครับ/คะ
sa-wàt-dii kHráp/kHâ kHoun… yòuu măï kHráp/kHá

Souhaits

Pour célébrer un événement heureux :

[Toutes] mes félicitations !

ขอแสดงความยินดีด้วย ครับ/ค่ะ
kHɔ̌ɔ sa-dɛɛng kHwaam-yin-dii dôuuay kHráp/kHâ

Dans un registre moins formel (1) et un style plus relâché (2) :

(1) *Félicitations !*
ยินดีด้วย ครับ/ค่ะ
yin-dii dôuuay kHráp/kHâ

(2) *Content(e) pour toi !*
ดีใจด้วยนะ
dii-djaï dôuuay ná

En diverses occasions :

Bonne année !	สวัสดี ปีใหม่	*sa-wàt-dii pii-màï*
Bon anniversaire !	สุขสันต์วันเกิด	*sòuk-sǎn wan kòeet*
Bonne chance !	(ขอให้) โชคดี	*(kHɔ̌ɔ Hâï) tchôok-dii*
Bonne route !	(ขอให้) เดินทางปลอดภัย	*(kHɔ̌ɔ Hâï) doeen-tHaang plɔ̀ɔt-pHay*
Bon voyage !	(ขอให้) เดินทางปลอดภัย	*(kHɔ̌ɔ Hâï) doeen-tHaang plɔ̀ɔt-pHay*
Soyez heureux !	ขอให้มีความสุข	*kHɔ̌ɔ Hâï mii kHwaam-sòuk*

Accord, désaccord

Le particule de politesse ครับ/ค่ะ *[kHráp/kHâ]* (m./f.) peut, en général, être utilisée pour dire que l'on est d'accord. Dans le cas contraire, il suffit simplement d'ajouter le mot ไม่ *[mâï]* devant.

CONVERSATION

Si l'on veut étoffer un peu, on dira :

Je suis d'accord avec vous.

ผม/ฉัน เห็นด้วยกับคุณ ครับ/ค่ะ
pHŏm/tchăn Hĕn-dôuuay kàp kHoun kHráp/kHâ

Je ne suis pas d'accord.

ผม/ฉัน ไม่เห็นด้วย ครับ/ค่ะ
pHŏm/tchăn mâï Hĕn-dôuuay kHráp/kHâ

Je suis d'accord avec votre idée/votre avis.

ผม/ฉัน เห็นด้วยกับความคิดของคุณ ครับ/ค่ะ
pHŏm/tchăn Hĕn-dôuuay kàp kHwaam-kHít kHŏong kHoun kHráp/kHâ

Vous avez raison.

คุณพูดถูก ครับ/ค่ะ
kHoun pHôuut tHòuuk kHráp/kHâ

Pour manifester votre surprise, vos doutes ou votre mécontentement, vous pourrez dire :

C'est impossible !	เป็นไปไม่ได้	*pen paï mâï dâï*
Incroyable !	ไม่น่าเชื่อ	*mâï nâa-tchûua*
C'est possible ?	เป็นไปได้หรือ	*pen paï dâï rŭu*
C'est vrai ?	จริงหรือ	*djing rŭu*
Je ne suis pas sûr(e).	ไม่แน่ใจ	*mâï nêɛ-djaï*

Questions, réponses

oui / non

Il n'existe pas vraiment d'équivalents des mots "oui" et "non" en thaï. En général, pour une réponse positive, la particule de politesse ครับ/ค่ะ *[kHráp/kHâ]* peut faire l'affaire. Dans d'autres cas, il suffit de reprendre le verbe ou l'adjectif de la question posée. Pour la négation, on place simplement ไม่ *[mâï]* devant le verbe ou l'adjectif en question, sans oublier de mettre la particule de politesse ครับ *[kHráp]* ou ค่ะ/คะ *[kHâ/kHá]* à la fin de chaque phrase.

Mots interrogatifs

C'est bien cela ?	หรือ	rǔu
Combien ?	เท่าไหร่	tHâo-ràï
Combien de... ?	กี่...	kìi...
Comment ?	อย่างไร	yàang-raï
Est-ce que... ?	ไหม	mǎï
Où ?	ที่ไหน	tHîi-nǎï
Pourquoi... ?	ทำไม...	tHam-maï...
Qui... ?	ใคร...	kHraï...
Quoi ?	อะไร	à-raï

CONVERSATION

Les mots interrogatifs, sont, en principe, placés en fin de phrase et non en tête comme c'est le cas en français, hormis *qui ?* et *pourquoi ?* qui font exception à cette règle. Voici quelques phrases d'exemple :

Vous allez bien ?

คุณสบายดีไหม ครับ/คะ
kHoun sa-baay-dii măï kHráp/kHá

Vous allez au travail ?

คุณจะไปทำงานหรือ ครับ/คะ
kHoun djà paï tHa^m-ngaan rŭu kHráp/kHá

Quel est votre nom ?

คุณชื่ออะไร ครับ/คะ
kHoun tchûu à-raï kHráp/kHá

Comment vous rendez-vous à l'aéroport ?

คุณจะไปสนามบินอย่างไร ครับ/คะ
kHoun djà paï sa-năam-bin yàang-raï kHráp/kHá

Où se trouve le marché ?

ตลาดอยู่ที่ไหน ครับ/คะ
ta-làat youu tHîi-năï kHráp/kHá

Combien ça coûte ?

ราคาเท่าไหร่ ครับ/คะ
raa-kHaa tHâo-ràï kHráp/kHá

Combien de kilos de mangues voulez-vous acheter ?

คุณจะซื้อมะม่วงกี่กิโล ครับ/คะ

kHoun djà súu má-môuuang kìi ki-lo kHráp/kHá

Qui veut manger des fruits ?

ใครอยากทานผลไม้ ครับ/คะ

kHraï yàak tHaan pHǒn-la-máï kHráp/kHá

Pourquoi venez-vous en Thaïlande ?

ทำไมคุณมาเมืองไทย ครับ/คะ

tHa^m-maï kHoun maa muuang-tHaï kHráp/kHá

Langage du corps

Les Thaïlandais ne s'expriment pas vraiment à travers la gestuelle, comme on peut le faire dans d'autres pays, cela peut même être mal perçu. À l'exception du ไหว้ "Wai" ou d'une poignée de main échangée avec des étrangers, les femmes évitent en général les contacts physiques avec les hommes.

Par ailleurs, vous remarquerez qu'il existe une façon spécifique de désigner les chiffres à l'aide des doigts de la main. En Thaïlande, pour représenter le chiffre 1, on lève l'index ; pour le 2, l'index et le majeur ; pour le 3, on y ajoute l'annulaire ; pour le 4, on ajoute l'auriculaire, et pour le 5, le pouce. Pour représenter le chiffre 6, on revient à un schéma "classique" : on lève les cinq doigts d'une main ainsi que le pouce de l'autre, pour le 7, on ajoute l'index, et ainsi de suite.

En Thaïlande aussi, dresser le pouce en l'air signifie "bon, bien, super", etc. En revanche, on ne doit en aucun cas pointer l'index sur quelqu'un. Et surtout, il faut éviter d'utiliser les pieds pour faire quoi que ce soit. C'est très mal vu !

Langues et compréhension

Pour exprimer la nationalité, vous direz :

Je suis...	ผม/ฉัน เป็นคน...	pHŏm/tchăn pen kHon...
belge.	เบลเยี่ยม	ben-yîiam
canadien(ne).	แคนาดา	kHɛɛn-naa-daa
français(e).	ฝรั่งเศส	fa-ràng-sèet
marocain(e).	โมรอคโค	moo-rók-kHoo
suisse.	สวิส	sa-wís
thaïlandais(e).	ไทย	tHaï

Quelle langue parlez-vous ?

คุณพูดภาษาอะไร ครับ/คะ
kHoun pHôuut pHaa-săa à-raï kHráp/kHá

Je parle...	ผม/ฉัน พูดภาษา...	pHŏm/tchăn pHôuut pHaa-săa...
anglais.	อังกฤษ	ang-krit
français.	ฝรั่งเศส	fa-ràng-sèet
thaï.	ไทย	tHaï

Pour demander le sens d'un mot ou d'une phrase, dites :

Ce mot, qu'est-ce qu'il veut dire ?

คำนี้แปลว่าอะไร ครับ/คะ

kHa^m níi plɛɛ wâa à-raï kHráp/kHá

Cette phrase, qu'est-ce qu'elle signifie ?

ประโยคนี้หมายความว่าอะไร ครับ/คะ

prà-yòok níi măay-kHwaam wâa à-raï kHráp/kHá

Si vous ne comprenez pas ce qu'on vous dit :

Que dites-vous ?

คุณพูดอะไร ครับ/คะ

kHoun pHôuut à-raï kHráp/kHá

Excusez-moi, je ne comprends pas.

ขอโทษ ครับ/ค่ะ ผม/ฉัน ไม่เข้าใจ

kHɔ̌ɔ-tHôot kHráp/kHâ pHŏm/tchăn mâï kHâo-djaï

Excusez-moi, pouvez-vous parlez lentement ?

ขอโทษ ครับ/ค่ะ พูดช้าๆได้ไหม

kHɔ̌ɔ-tHôot kHráp/kHâ pHôuut tcháa-tcháa dâï măï

Excusez-moi, pouvez-vous répéter ?

ขอโทษ ครับ/ค่ะ พูดอีกครั้งได้ไหม

kHɔ̌ɔ-tHôot kHráp/kHâ pHôuut ìik kHráng dâï măï

CONVERSATION

⤻ Rencontre et présentation
Se rencontrer
Voici quelques phrases usuelles pour entamer une discussion :

Bonjour, comment allez-vous ?
สวัสดีคุณสบายดีไหม ครับ/คะ
sa-wàt-dii kHoun sa-baay-dii măi kHráp/kHá

Très bien merci, et vous ?
สบายดีมาก ขอบคุณ แล้วคุณล่ะ
sa-baay-dii mâak kHɔ̌ɔp-kHoun lέεw kHoun lâ

Se présenter ou présenter quelqu'un
Pour se présenter, il convient de donner son prénom plutôt que son nom de famille. Donner son prénom suivi de son nom de famille, comme on le fait en France, sera perçu comme prétentieux, comme si vous vouliez mettre l'accent sur votre nom de famille parce que celui-ci serait célèbre !

La coutume en Thaïlande, veut que lorsqu'on est proche, on s'appelle par son surnom. Les Thaïlandais reçoivent non seulement un prénom, qui sera utilisé dans les circonstances officielles et pour les documents administratifs, mais aussi un surnom qui sera employé dans la vie de tous les jours. Parfois même, pour certaines personnes, le surnom est le même que le prénom.

Comment vous appelez-vous ?
คุณชื่ออะไร ครับ/คะ
kHoun tchûu à-raï kHráp/kHá

Je m'appelle... (+ votre prénom).

ผม/ฉัน ชื่อ... ครับ/ค่ะ
pHŏm/tchăn tchûu... kHráp/kHâ

Voici Monsieur/Madame...

นี่คุณ... ครับ/ค่ะ
nîi kHoun... kHráp/kHâ

Bonjour, ravi(e) de faire votre connaissance !

สวัสดี ยินดีที่รู้จัก ครับ/ค่ะ
sa-wàt-dii yin-dii tHîi róuu-djàk kHráp/kHâ

C'est...	นี่...	nîi...
un ami / une amie.	เพื่อน	pHûuan
mon mari / ma femme.	สามีของฉัน / ภรรยาของผม	săa-mii kHŏong tchăn / pHan-yaa kHŏong pHŏm

Une fois les présentations faites entre les deux parties, on dira :

Ravi(e) de faire votre connaissance ! / Enchanté(e) !

ยินดีที่รู้จัก ครับ/ค่ะ
yin-dii tHîi róuu-djàk kHráp/kHâ

Moi aussi !

เช่นกัน ครับ/ค่ะ
tchên-kan kHráp/kHâ

On réservera toutefois la 2e réponse à des rencontres amicales.

Dire d'où l'on vient

Une question simple et passe-partout peut être utilisée dans plusieurs contextes :

D'où venez-vous ?

คุณมาจากไหน ครับ/คะ
kHoun maa djàak nǎï kHráp/kHá

Un peu plus formel :

De quel pays venez-vous ?

คุณมาจากประเทศอะไร ครับ/คะ
kHoun maa djàak prà-tHêet à-raï kHráp/kHá

Pour répondre, on emploie la formule ผม/ฉัน มาจากประเทศ... [pHǒm/tchǎn maa djàak prà-tHêet...], *Je viens de...* complétée par le pays en question.
En thaï, les noms de pays sont très proches des termes utilisés en anglais.

Je viens... (+ nom du pays)...	ผม/ฉัน มาจาก ประเทศ...	pHǒm/tchǎn maa djàk prà-tHêet...
d'Amérique / des États-Unis.	อเมริกา / สหรัฐอเมริกา	a-mee-rí-kaa / sa-Ha-rát-a-mee-rí-kaa
de Belgique.	เบลเยี่ยม	ben-yîiam
du Cambodge.	เขมร / กัมพูชา	kHa-měen / kam-pHouu-tchaa

de France.	ฝรั่งเศส	fa-ràng-sèet
d'Italie.	อิตาลี	ì-taa-lîi
du Laos.	ลาว	laaw
de Suisse.	สวิส / สวิสเซอร์แลนด์	sa-wís / sa-wís-soee-lɛɛn

Dire son âge

Selon une citation thaïe, "l'âge n'est qu'un simple chiffre sans importance". Si certains vous dévoileront leur âge sans hésitation, d'autres seront peut-être plus réticents. Mais tenter de deviner l'âge d'un(e) asiatique est peine perdue ! Vous n'aurez aucune chance de donner la bonne réponse.

Excusez-moi, quel âge avez-vous ?

ขอโทษ ครับ/ค่ะ คุณอายุเท่าไหร่ ครับ/คะ
kHǒɔ-tHôot kHráp/kHâ kHoun aa-yóu tHâo-ràï kHráp/kHá

J'ai vingt ans.

ผม/ฉัน อายุยี่สิบปี ครับ/ค่ะ
pHǒm/tchǎn aa-yóu yîi-sìp pii kHráp/kHâ

Pour dire votre âge, aidez-vous des chiffres qui vous sont proposés dans les rabats de ce guide.

Famille

La famille et la relation à celle-ci chez les asiatiques est quelque chose d'à la fois sacré et complexe. En Thaïlande, le vocabulaire des deux côtés – paternel et maternel – , est bien distinct. Il est important de connaître quelques mots de base.

père	พ่อ	*pHɔ̂ɔ*
mère	แม่	*mɛ̂ɛ*
grand frère / petit frère	พี่ชาย / น้องชาย	*pHîi-tchaay / nɔ́ɔng tchaay*
grande sœur / petite sœur	พี่สาว / น้องสาว	*pHîi-sǎaw / nɔ́ɔng-sǎaw*
grand-père paternel	ปู่	*pòuu*
grand-mère paternelle	ย่า	*yâa*
grand-père maternel	ตา	*taa*
grand-mère maternelle	ยาย	*yaay*
frère aîné du père/ de la mère	ลุง	*loung*
sœur aînée du père/ de la mère	ป้า	*pâa*
frère cadet du père/ sœur cadette du père	อา	*aa*
frère cadet de la mère/ sœur cadette de la mère	น้า	*náa*
enfant (à soi)	ลูก	*lôuuk*

fils	ลูกชาย	lôuuk-tchaay
fille	ลูกสาว	lôuuk-săaw
petit-enfant	หลาน	lăan
neveu / nièce	หลาน	lăan
époux/mari	สามี	săa-mii
épouse/femme	ภรรยา	pHan-yaa / pHan-ra-yaa

Voici comment présenter son statut marital :

Je suis…	ผม/ฉัน…	pHŏm/tchăn…
célibataire.	เป็นโสด	pen sòot
marié(e).	แต่งงานแล้ว	tèeng-ngaan lέεw
divorcé(e).	หย่าแล้ว	yàa lέεw
veuf/veuve.	เป็นหม้าย	pen mâay

Deux combinaisons intéressantes en thaï :

parents (= père + mère)	พ่อแม่	pHɔ̂ɔ-mε̂ε
frères et sœurs (personne + âgée que soi et personne - âgée que soi)	พี่น้อง	pHîi-nɔ́ɔng

CONVERSATION

Combien de frères et sœurs avez-vous ?

คุณมีพี่น้องกี่คน ครับ/คะ

kHoun mii pHîi-nɔ́ɔng kìi kHon kHráp/kHá

J'en ai deux.

สองคน ครับ/ค่ะ

sɔ̌ɔng kHon kHráp/kHâ

Emploi, activités, études

Que faites-vous dans la vie ?

คุณทำงานอะไร ครับ/คะ

kHoun tHa^m-ngaan à-raï kHráp/kHá

Je suis...	ผม/ฉัน เป็น... ครับ/ค่ะ	pHǒm/tchǎn pen... kHráp/kHâ
acteur/-trice.	นักแสดง	nák-sa-dɛɛng
avocat/-e.	ทนาย	tHa-naay
chanteur/-euse.	นักร้อง	nák-rɔ́ɔng
comptable (m./f.).	นักบัญชี	nák-ban-tchii
danseuse traditionnelle.	นางรำ	nang-ra^m
docteur / médecin (m./f.).	หมอ / แพทย์	mɔ̌ɔ / pHɛ̂ɛt
employé(e) de banque.	พนักงาน ธนาคาร	pHa-nák-ngaan tHa-naa-kHaan

enseignant(e).	ครู / อาจารย์	*kHrouu / aa-djaan*
femme de ménage.	แม่บ้าน	*mɛɛ-bâan*
fonctionnaire (m./f.).	ข้าราชการ	*kHâa-râat-tcha-kaan*
infirmier/-ère.	บุรุษพยาบาล / นางพยาบาล	*bòu-ròut-pHa-yaa-baan / naang-pHa-yaa-baan*
ingénieur (m./f.).	วิศวกร	*wít-sa-wa-kɔɔn*
journaliste (m./f.).	นักหนังสือพิมพ์	*nák-năng-sŭu-pHim*
militaire (m./f.).	ทหาร	*tHa-Hăan*
musicien/-ne.	นักดนตรี	*nák-don-trii*
nounou.	พี่เลี้ยงเด็ก	*pHîi-líiang-dèk*
photographe (m./f.).	ช่างภาพ / ช่างถ่ายรูป	*tchâang-pHâap / tchâang-tHàay-rôuup*
policier/-ère.	ตำรวจ	*ta^m-ròuuat*
secrétaire.	เลขา	*lee-kHăa*
traducteur/interprète (m./f.).	ล่าม	*lâam*
vendeur/-euse.	พนักงานขาย	*pHa-nák-ngaan kHăay*

CONVERSATION

Je suis...	ผม/ฉัน... ครับ/ค่ะ	pHŏm/tchăn... kHráp/kHâ
à la retraite / retraité(e).	เกษียณแล้ว	ka-sĭian lέεw
au chômage.	ตกงาน	tòk-ngaan
sans emploi.	ไม่มีงานทำ	mâï mii ngaan tha^m

Je suis élève/étudiant(e.)

ผม/ฉัน เป็น นักเรียน/นักศึกษา ครับ/ค่ะ
pHŏm/tchăn pen nák-riian/nák-sùk-săa kHráp/kHâ

J'étudie...	ผม/ฉัน เรียน...	pHŏm/tchăn riian...
le commerce international.	การค้าระหว่างประเทศ	kaan-kHáa-rá-wàang-prà-tHêet
l'économie.	เศรษฐศาสตร์	sèet-tHa-sàat
la géographie.	ภูมิศาสตร์	pHouu-mí-sàat
l'histoire.	ประวัติศาสตร์	prà-wàt(-tì)-sàat
les langues étrangères.	ภาษาต่างประเทศ	pHaa-săa tàang-prà-tHêet
la littérature.	วรรณคดี	wan-na-kHa-dii
les mathématiques.	คณิตศาสตร์	kHa-nít(-ta)-sàat
les sciences.	วิทยาศาสตร์	wít-tHa-yaa-sàat

Culture

Si vous souhaitez partager vos passions ou montrer votre intérêt pour un ou plusieurs aspects de la culture thaïe, dites :

Je suis intéressé(e) par...	ผม/ฉัน สนใจ... ครับ/ค่ะ	pHŏm/tchǎn sŏn-djaï... kHráp/kHâ
l'architecture.	สถาปัตยกรรม	sa-tHǎa-pàt-ta-ya-kam
l'art... (thaï).	ศิลปะ... (ไทย)	sǐn-la-pà... (tHaï)
l'art populaire.	ศิลปะพื้นบ้าน	sǐn-la-pà pHúun-bâan
l'artisanat (seulement par les mains).	หัตถกรรม	Hàt-tHa-kam
la culture... (thaïe).	วัฒนธรรม... (ไทย)	wát-tHa-ná-tHam... (tHaï)
la littérature.	วรรณคดี	wan-na-kHa-dii
la musique.	ดนตรี	don-trii
la peinture.	ภาพเขียน	pHâap-kHǐian
le tissage.	ทอผ้า	tHɔɔ-pHâa
la vannerie.	จักสาน	djàk-sǎan

Religions et traditions

Les Thaïlandais sont majoritairement bouddhistes (94%). On compte 4,5% de musulmans et à peine 1% de chrétiens.

bouddhisme	ศาสนาพุทธ	sàat-sa-nǎa pHóut
catholicisme	ศาสนาคริสต์ นิกายโรมันคาธอลิก	sàat-sa-nǎa kHrís ní-kaay roo-man-kHaa-tHɔɔ-lìk
islam	ศาสนาอิสลาม	sàat-sa-nǎa ìt-sa-laam
judaïsme	ศาสนายิว	sàat-sa-nǎa yiw
protestantisme	โปรเตสแตนต์	proo-tées-tɛ́ɛn
shintoïsme	ลัทธิชินโต	lát-tHí tchin-too
taoïsme	ลัทธิเต๋า	lát-tHí tǎo

Vous pourrez, sans risquer de choquer, demander à un Thaïlandais quelle est sa religion.

Quelle est votre religion ?

คุณนับถือศาสนาอะไร

kHoun náp-tHǔu sàat-sa-nǎa à-raï

Je suis...	ผม/ฉัน เป็น...	*pHǒm/tchǎn pen...*
bouddhiste (m./f.).	พุทธ	*pHóut*
catholique (m./f.).	คาธอลิก	*kHa-tHɔɔ-lìk*
chrétien(ne).	คริสต์	*kHrís*
juif / juive.	ยิว	*yiw*

| musulman(e). | อิสลาม | it-sa-laam |
| protestant(e). | โปรเตสแตนต์ | pro-tées-tɛ́ɛn |

Je ne suis pas croyant(e).

ผม/ฉัน ไม่นับถือศาสนาอะไรเลย ครับ/ค่ะ

pHŏm/tchăn mâï náp-tHŭu sàat-sa-năa à-raï loeey kHráp/kHâ

Le temps qu'il fait

Située dans une zone tropicale, la Thaïlande bénéficie d'un climat tropical humide et compte trois saisons : une saison chaude, une saison de pluie et une saison plus fraîche. Comme le pays s'étend en longueur, le climat peut varier sensiblement entre le nord et le sud.

saison chaude (l'été)	ฤดู/หน้า ร้อน	rú-douu/nâa rɔ́ɔn
saison fraîche (l'hiver)	ฤดู/หน้า หนาว	rú-douu/nâa năaw
saison des pluies	ฤดู/หน้า ฝน	rú-douu/nâa fŏn
printemps	ฤดูใบไม้ผลิ	rú-douu baï-máï-pHlì
automne	ฤดูใบไม้ร่วง	rú-douu baï-máï-rôuuang

Quel temps fera-t-il (aujourd'hui) ?

(วันนี้) อากาศเป็นอย่างไร ครับ/คะ

(wan-níi) aa-kàat pen yàang-raï kHráp/kHá

(Aujourd'hui), il fait… / il ne fait pas…	(วันนี้) อากาศ… / อากาศไม่…	(wan-níi) aa-kàat… / aa-kàat mâï…
beau.	ดี	dii
chaud.	ร้อน	rɔ́ɔn
frais.	เย็น	yen
froid.	หนาว	năaw
humide.	ชื้น	tchúun

il pleut. / il ne pleut pas.	ฝนตก / ฝนไม่ตก	fŏn tòk / fŏn mâï tòk
il y a un vent fort. / il n'y a pas de vent.	มีลมแรง / ไม่มีลม	mii lom rɛɛng / mâï mii lom
il fait soleil. / il ne fait pas soleil.	มีแดด / ไม่มีแดด	mii dɛ̀ɛt / mâï mii dɛ̀ɛt
il y a des nuages.	มีเมฆ	mii mêek
il y a des tempêtes.	มีพายุ	mii pHaa-yóu
il y a un typhon.	มีไต้ฝุ่น	mii tái-fòun

Sentiments et opinions

Si votre interlocuteur vous demande :

Comment trouvez-vous cela ?

คุณเห็นว่าอย่างไร
kHoun Hĕn wâa yàang-raï

Qu'en pensez-vous ?

คุณคิดอย่างไร
kHoun kHít yàang-raï

… vous pourrez lui répondre par l'une de ces formules :

Je pense que…

ผม/ฉัน คิดว่า…
pHŏm/tchăn kHít wâa…

Je trouve que…

ผม/ฉัน เห็นว่า…
pHŏm/tchăn Hĕn wâa

Ou encore :

J'aime…

ผม/ฉัน ชอบ…
pHŏm/tchăn tchôɔp…

Je n'aime pas (ça).

ผม/ฉัน ไม่ชอบ…
pHŏm/tchăn mâï tchôɔp…

Je déteste…

ผม/ฉัน เกลียด…
pHŏm/tchăn klìiat…

Pour exprimer une opinion négative à partir d'un adjectif, il suffit de le faire précéder du mot ไม่ *[mâï]*. Ex : *C'est bien*, ดี *[dii]* / *Ce n'est pas bien*, ไม่ดี *[mâï dii]*.

C'est beau.	สวย	sŏuuay
C'est bien.	ดี	dii
C'est dommage.	น่าเสียดาย	nâa-sĭia-daay

CONVERSATION

C'est drôle.	ตลก	ta-lòk
C'est incroyable !	ไม่น่าเชื่อ	mâï-nâa-tchûua
C'est intéressant.	น่าสนใจ	nâa-sŏn-djaï
C'est joli.	น่ารัก	nâa-rák

Voici à présent quelques termes pour exprimer vos émotions. Pour la forme négative, procédez comme avec les adjectifs, en ajoutant ไม่ *[mâï]* devant.

Je suis...	ผม/ฉัน...	pHŏm/tchăn...
content(e).	พอใจ	pHɔɔ-djaï
étonné(e).	แปลกใจ	plὲɛk-djaï
inquiet(-ète).	กังวลใจ	kang-won-djaï
triste.	เศร้าใจ	sâo-djaï

Je regrette.

ผม/ฉัน เสียใจ ครับ/ค่ะ
pHŏm/tchăn sĭia-djaï kHráp/kHâ

En plus de มาก *[mâak]*, *beaucoup* ou จริงๆ *[djing-djing]*, *vraiment*, vous pouvez également utiliser จัง *[djang]*, *tellement* pour renforcer le sentiment exprimé.

Invitation, visite

En Thaïlande, offrir des fleurs n'est pas une pratique courante. Si des Thaïlandais vous font l'honneur de vous inviter chez eux, offrez-leur plutôt des fruits ! Soyez ponctuel et montrez de bonnes manières à table, et surtout, profitez des délices d'un repas thaï cuisiné à la maison !

Est-ce que vous êtes libre demain soir ?

เย็นพรุ่งนี้คุณว่างไหม
yen pHrôung-níi kHoun wâang măï

Venez avec votre femme et vos enfants !

พาภรรยาและลูกๆของคุณมาด้วยนะ
pHaa pHan-yaa lέ lôuuk-lôuuk kHɔ̆ɔng kHoun maa dôuuay ná

Pour accepter ou refuser une invitation :

Bien ! / C'est d'accord !

ดี / ตกลง / ครับ/ค่ะ
dii / tòk-long kHráp/kHâ

Excusez-moi, mais je ne pourrai pas venir.

ขอโทษ ไปไม่ได้ ครับ/ค่ะ
kHɔ̆ɔ-tHôot paï mâï dâî kHráp/kHâ

CONVERSATION

Quand vous arrivez chez quelqu'un, après les échanges de politesses d'usage, votre hôte ou votre hôtesse vous dira :

Entrez, je vous en prie.	เชิญเข้ามา	tchoeen kHâo maa
Asseyez-vous.	เชิญนั่ง	tchoeen nâng
Mettez-vous à l'aise.	เชิญตามสบาย	tchoeen taam-sa-baay

Et une fois à table, vous entendrez les formules suivantes :

Mangez, je vous en prie ! / Servez-vous, je vous en prie !	เชิญทาน / เชิญรับประทาน	tchoeen tHaan / tchoeen ráp-prà-tHaan
Buvez, je vous en prie !	เชิญดื่ม	tchoeen dùum
Santé !	เพื่อสุขภาพ	pHûua sòuk-kHa-pHâap
Tchin ! Tchin !	ชนแก้ว	tchon-kɛ̂ɛw

Lors des grandes occasions, comme au moment de se souhaiter une bonne année par exemple, les Thaïlandais ont coutume de crier ไชโย ! *[tchaï-yoo]*.

Un rendez-vous ?

Je vous invite à déjeuner demain, d'accord ?

ผม/ฉัน อยากเชิญคุณทานอาหารเที่ยงพรุ่งนี้ตกลงไหม ครับ/คะ
pHŏm/tchăn yàak tchoeen kHoun tHaan aa-Hăan-tHîiang pHrôung-níi tòk-long măi kHráp/kHá

Où et comment nous retrouvons-nous ?

เราจะพบกัน ที่ไหน อย่างไร ครับ/คะ

rao djà pHóp-kan tHîi-năi yàang-raï kHráp/kHá

On se retrouve à midi au restaurant "Tamnak Isan".

พบกันเที่ยงที่ร้านตำหนักอีสาน

pHóp-kan tHîiang tHîi ráan ta^m-nàk ii-săan

Demain midi, je ne peux pas, j'ai déjà rendez-vous avec Piya.

พรุ่งนี้เที่ยง ไปไม่ได้ มีนัดกับปิยะ

pHrôung-nii tHîiang paï mâï dâï mii nát kàp pì-yá

Voici comment formuler une invitation pour partager une activité (le complément est indiqué entre crochets, vous pourrez ainsi le remplacer facilement par un des termes du tableau donné en page suivante) :

J'aimerais vous inviter à aller [voir un film] quand vous serez libre.

ผม/ฉัน อยาก ชวน/เชิญ คุณไป [ดูหนัง] ด้วยกัน ครับ/ค่ะ

pHŏm/tchăn yàak tchouuan/tchoeen kHoun paï [douu năng] dôuuay-kan kHráp/kHâ

Allons [nous balader], ça vous dit ?

เราไป[เดินเล่น]ด้วยกันดีไหม ครับ/คะ

rao paï [doeen lên] dôuuay-kan dii măi kHráp/kHá

CONVERSATION 87

boire un verre	ดื่ม	*dùum*
écouter de la musique	ฟังเพลง	*fang pHleeng*
faire des courses/ du shopping	ซื้อของ	*súu kHɔ̌ɔng*
faire du sport	เล่นกีฬา	*lên kii-laa*
faire la fête	ฉลอง	*tcha-lɔ̌ɔng*
manger	กินข้าว (ทานอาหาร)	*kin-kHâaw (tHaan-aa-Haan)*
prendre l'air	ไปเที่ยว	*paï tHîiaw*
se balader / se promener	เดินเล่น	*doeen lên*
voir un film	ดูหนัง	*douu năng*

L'amour

La langue thaïe dispose de deux mots pour traduire "aimer" mais ils portent un sens différent : รัก *[rák]* est plus sentimental et plus profond que ชอบ *[tchɔ̂ɔp]*, à l'instar de la différence entre **to love** et **to like** en anglais.

aimer / ne pas aimer	รัก / ชอบ ไม่รัก / ไม่ชอบ	*rák / tchɔ̂ɔp* *mâï rák / mâï tchɔ̂ɔp*

Vous me plaisez.

ผมชอบคุณ
pHǒm tchɔ̂ɔp kHoun

Vous êtes...	คุณ...	kHoun...
beau / belle.	หล่อ / สวย	lɔ̀ɔ / sŏuuay
charmant(e).	มีเสน่ห์	mii sa-nèe
mignon(ne).	น่ารัก	nâa-rák

Quand on a rencontré l'élu de son cœur, une déclaration s'impose :

Je vous aime (m./f.) / Je t'aime !

ผม/ฉัน รักคุณ
pHŏm/tchăn rák kHoun

↗ Temps, dates et fêtes
Dire l'heure

Quelle heure est-il ?

กี่โมงแล้ว
kìi moong lɛ́ɛw

Répondre à cette question en thaï peut s'avérer assez compliqué car deux systèmes cohabitent.

• Le système officiel, qui utilise la formule suivante :
Il est… heures.

เวลา… นาฬิกา
wee-laa… naa-lí-kaa.

Par exemple :

Il est minuit (24h).
เวลายี่สิบสี่นาฬิกา
wee-laa yîi-sìp-sìi naa-lí-kaa

• La manière courante, plus parlante mais irrégulière :

Le matin :

1h	ตีหนึ่ง	*tii nùng*
2h	ตีสอง	*tii sɔ̌ɔng*
3h	ตีสาม	*tii sǎam*
4h	ตีสี่	*tii sìi*
5h	ตีห้า	*tii Hâa*
6h	หกโมง (เช้า)	*Hòk moong (tcháo)*
7h	เจ็ดโมง (เช้า) / โมง (เช้า)	*djèt moong (tcháo) / moong (tcháo)*
8h	แปดโมง (เช้า) / สองโมง (เช้า)	*pɛ̀ɛt moong (tcháo) / sɔ̌ɔng moong (tcháo)*
9h	เก้าโมง (เช้า) / สามโมง (เช้า)	*kâo moong (tcháo) / sǎam moong (tcháo)*
10h	สิบโมง (เช้า) / สี่โมง (เช้า)	*sìp moong (tcháo) / sìi moong (tcháo)*

11h	สิบเอ็ดโมง (เช้า) / ห้าโมง (เช้า)	sìp-èt moong (tcháo) / Hâa moong (tcháo)
midi	เที่ยง	tHîiang

L'après-midi (et le soir) :

1h (ou 13h)	บ่ายโมง	bàay moong
2h (ou 14h)	บ่ายสองโมง	bàay sǒong moong
3h (ou 15h)	บ่ายสามโมง	bàay sǎam moong
4h (ou 16h)	บ่ายสี่โมง สี่โมง (เย็น)	bàay sìi moong / sìi moong (yen)
5h (ou 17h)	ห้าโมง (เย็น)	Hâa moong (yen)
6h (ou 18h)	หกโมง (เย็น)	Hòk moong (yen)
7h (ou 19h)	หนึ่งทุ่ม	nùng tHôum
8h (ou 20h)	สองทุ่ม	sǒong tHôum
9h (ou 21h)	สามทุ่ม	sǎam tHôum
10h (ou 22h)	สี่ทุ่ม	sìi tHôum
11h (ou 23h)	ห้าทุ่ม	Hâa tHôum
minuit (ou 24h)	หกทุ่ม / เที่ยงคืน	Hòk tHôum / tHîiang kHuun

CONVERSATION

Retenez aussi :

seconde	วินาที	wí-naa-tHii
minute	นาที	naa-tHii
la demie	ครึ่ง	kHrûng
quarante-cinq	สี่สิบห้า	sìi-sìp-Hâa
une heure (durée)	ชั่วโมง	tchôuua-moong

Il est sept heures dix / sept heures et demie / sept heures quarante-cinq.

เจ็ดโมงสิบ / เจ็ดโมงครึ่ง / เจ็ดโมงสี่สิบห้า ครับ/ค่ะ
djèt moong sìp / djèt moong kHrûng / djèt moong sìi-sìp-Hâa kHráp/kHâ

Pour évoquer une durée, on emploie le mot ชั่วโมง *[tchôuua-moong]* :

La durée du trajet est de sept heures et dix minutes / sept heures et demie / sept heures et quarante-cinq minutes.

ใช้เวลาเดินทางเจ็ดชั่วโมงสิบนาที / ครึ่ง / สี่สิบห้านาที ครับ/ค่ะ
tchaï wee-laa doeen-tHaang djèt tchôuua-moong sìp naa-tHii / kHrûng / sìi-sìp-Hâa naa-tHii kHráp/kHâ

Dire une date

Les jours de la semaine

Aujourd'hui, quel jour sommes-nous ?

วันนี้วันอะไร
wan-níi wan à-raï

Nous sommes...	วันนี้...	wan-níi...
lundi.	วันจันทร์	wan djan
mardi.	วันอังคาร	wan ang-kHaan
mercredi.	วันพุธ	wan pHóut
jeudi. / jeudi (forme courte).	วันพฤหัสบดี / วันพฤหัสฯ	wan pHa-rú-Hàt-sà-bɔɔ-dii / wan pHa-rú-Hàt
vendredi.	วันศุกร์	wan sòuk
samedi.	วันเสาร์	wan săo
dimanche.	วันอาทิตย์	wan aa-tHít

samedi-dimanche	วันเสาร์อาทิตย์	wan săo-aa-tHít
week-end	สุดสัปดาห์	sòut sàp-daa
semaine	อาทิตย์ / สัปดาห์	aa-tHít / sàp-daa

CONVERSATION

Pour demander la date :

Quelle date sommes-nous ?

วันนี้วันที่เท่าไหร่

wan-níi wan-tHîi tHâo-ràï

Aujourd'hui, nous sommes...	วันนี้วันที่...	wan-níi wan-tHîi...
le premier.	หนึ่ง	nùng
le deux.	สอง	sɔ̌ɔng

... et ainsi de suite avec les chiffres.

Vocabulaire du temps, des jours et des saisons

avant-hier	เมื่อวานซืน	mûua-waan-suun
hier	เมื่อวานนี้	mûua-waan-níi
aujourd'hui	วันนี้	wan-níi
demain	พรุ่งนี้	pHrôung-níi
après-demain	มะรืนนี้	má-ruun-níi

Pour se situer dans le temps :

(dans) la matinée	ตอนเช้า	tɔɔn tcháo
(dans) la journée	ตอนกลางวัน	tɔɔn klaang-wan
(dans) l'après-midi	ตอนบ่าย	tɔɔn bàay

la fin d'après-midi	ตอนเย็น	tɔɔn yen
le début de soirée	ตอนค่ำ	tɔɔn kHâm
tard dans la nuit	ตอนดึก	tɔɔn dùk
(pendant) la nuit	ตอนกลางคืน	tɔɔn klaang-kHuun

Les mois de l'année

Le mois de…	เดือน…	duuan…
janvier	มกรา(คม)	mók-ka-raa(-kHom)
février	กุมภาพันธ์	kum-pHaa(-pHan)
mars	มีนา(คม)	mii-na(-kHom)
avril	เมษา(ยน)	mee-sǎa(-yon)
mai	พฤษภา(คม)	pHrút-sa-pHaa (-kHom)
juin	มิถุนา(ยน)	mí-tHòu-naa (-yon)
juillet	กรกฎา(คม)	ka-ra-ka-daa (-kHom)
août	สิงหา(คม)	sǐng-Hǎa(-kHom)
septembre	กันยา(ยน)	kan-yaa(-yon)
octobre	ตุลา(คม)	tòu-laa(-kHom)
novembre	พฤศจิกา(ยน)	pHrút-sa-djì-kaa (-yon)
décembre	ธันวา(คม)	tHan-waa(-kHom)

Les noms de mois vous paraissent difficiles ? Dans un premier temps, essayez de les apprendre sans les terminaisons คม [kHom] ou ยน [yon] qui ne sont pas nécessaires à l'oral.

Notez toutefois que ces deux terminaisons sont très utiles car คม [kHom] est employée pour les mois de 31 jours et ยน [yon] pour les mois de 30 jours !

le mois / l'année...	เดือน / ปี...	duuan / pii...
dernier(-ère)	ที่แล้ว	tHîi-lέεw
prochain(e)	หน้า	nâa
suivant(e)	ต่อไป	tɔ̀ɔ-paï

Les jours fériés

วันหยุด [wan yòut] est un terme général qui s'applique pour tous les jours où l'on ne travaille pas, que ce soient des jours fériés ou des jours de congés.

Fête nationale (5 déc.)	วันชาติ	wan tchâat
Jours fériés religieux	วันหยุดทางศาสนา	wan yòut tHaang sàat-sa-nǎa
Fête du travail (1ᵉʳ mai)	วันแรงงาน	wan rεεng-ngaan
Fête des mères (12 août)	วันแม่	wan mε̂ε
Fête des pères (5 déc.)	วันพ่อ	wan pHɔ̂ɔ
Fin d'année (31 déc.)	วันสิ้นปี	wan sîn-pii

Nouvel An	วันปีใหม่	*wan pii-màï*
Nouvel An thaï	วันสงกรานต์	*wan sŏng-kraan*
Fête des lumières	วันลอยกระทง	*wan lɔɔy-krà-tHong*

En Thaïlande, *Noël* วันคริสต์มาส *[wan krís-mâas]* n'est pas un jour férié. En revanche, le 31 décembre en est un. La fête des mères et celle des pères, sont célébrées respectivement le jour anniversaire de la Reine (12 août) et du Roi (5 décembre). Voici l'occasion pour vous de retenir le mot *anniversaire* : วันเกิด *[wan-kòeet]*.

Si vous êtes sur place à la bonne période, ne manquez surtout pas la *fête des lumières*, วันลอยกระทง *[wan lɔɔy-krà-tHong]*, célébration qui a lieu au soir de la pleine lune du 12ᵉ mois du calendrier lunaire. En hommage à la déesse de la rivière, Mae Khongkha, แม่คงคา, les Thaïlandais déposent sur les rivières et les cours d'eau des milliers de krathongs, petites embarcations réalisées avec des feuilles de bananier contenant une bougie allumée, des bâtonnets d'encens et des fleurs. Ces petits points de lumière sur l'eau répondent aux milliers de lanternes lumineuses qui sont lâchées dans le ciel par la population pour créer un spectacle réellement féérique.

Les enfants, eux aussi, ont une journée qui leur est dédiée. Le *jour des enfants*, วันเด็ก *[wan dèk]*, célébré le 2ᵉ samedi de janvier, est l'occasion de se retrouver en famille, d'organiser des sorties, des balades ou des pique-niques.

Les fêtes religieuses suivent le calendrier lunaire et changent donc de date chaque année. Voici les principales :

Makha Bucha	วันมาฆะบูชา	wan maa-kHá-bouu-tchaa
Visakha Bucha	วันวิสาขบูชา	wan wí-săa-kHa-bouu-tchaa
Asaraha Bucha	วันอาสาฬหบูชา	wan aa-săa-la-Ha-bouu-tchaa

↗ Appel à l'aide
Urgences

À Bangkok et dans les grandes villes comme Phuket, Pattaya ou Chiangmai, les agents de la "police touristique" patrouillent en nombre et vous les rencontrerez fréquemment, dans la rue ou au marché. En cas de besoin vous pourrez leur demander leur aide mais aussi vous adresser à eux pour un simple renseignement.

Au secours !

ช่วยด้วย
tchôuuay-dôuuay

Cette formule peut être employée en tant que telle ou combinée avec d'autres, plus circonstanciées, comme :

... au feu !	ไฟไหม้	faï-mâï
... au voleur !	ขโมย	kHa-mooy
... il y a un malade !	มีคนป่วย	mii kHon pòuuay

Pouvez-vous m'emmener... ?	ช่วยพาผม/ฉันไป...	tchôuuay pHaa pHŏm/tchăn paï...
à l'hôpital	โรงพยาบาล	roong pHa-yaa-baan
à la pharmacie	ร้านขายยา	ráan kHăay-yaa
au poste de police	สถานีตำรวจ	sa-tHăa-nii ta^m-ròuuat
aux urgences	แผนกฉุกเฉิน	pHa-nὲɛk tchòuk-tchŏeen
voir un médecin	หาหมอ	Hăa mɔ̌ɔ

Sur la route

Il y a un accident.

มีอุบัติเหตุ
mii òu-bàt-Hèet

Il y a un blessé.

มีคนบาดเจ็บ
mii kHon-bàat-djèp

S'il vous plaît, appelez...	ช่วยเรียก...	tchôuuay rîiak...
une ambulance.	รถพยาบาล	rót pHa-yaa-baan
un médecin.	หมอ	mɔ̌ɔ
la police.	ตำรวจ	ta^m-ròuuat
les pompiers.	ดับเพลิง	dàp-pHloeeng

CONVERSATION

↗ **Panneaux de signalisation**

Les panneaux indicatifs sont écrits en langue thaïe et très souvent traduits en anglais, surtout dans le centre-ville. Nous vous donnons ici une liste des principaux panneaux et écriteaux que vous pourrez rencontrer.

อันตราย	an-ta-raay	Danger
หยุด	yòut	Stop
ทางออกฉุกเฉิน	tHaang-ɔ̀ɔk tchòuk-tch�;een	Sortie de secours
เปิด / ปิด	pòeet / pìt	ouvert / fermé
ดึง / ผลัก	dung / pHlàk	tirer / pousser
เข้า / ออก	kHâo / ɔ̀ɔk	entrée / sortie
เวลาทำการ	wee-laa tHa^m-kaan	horaires d'ouverture
ที่ขายตั๋ว	tHîi kHǎay tǒuua	guichet (vente de tickets)
ที่จ่ายเงิน	tHîi djàay ngoeen	caisse (pour payer)

↗ **Voyager**

Pour une durée de séjour inférieure à 30 jours par voie aérienne ou 15 jours par voie terrestre, il existe normalement des accords entre la Thaïlande et une quarantaine de pays visant à exempter leurs ressortissants d'une demande de visa. C'est le cas notamment pour la France, la Belgique et le Canada. Toutefois, ces mesures peuvent changer, il est donc préférable de s'adresser à l'ambassade de son pays en prévision du départ. Attention, il faut impérativement présenter un passeport encore valable pour six mois au moins lors de l'arrivée sur le territoire thaïlandais et vérifier qu'il ne présente aucune anomalie ou rature, au risque de se voir refuser l'entrée par la police de l'immigration.

Une fois sur place, même s'il est possible de se débrouiller en anglais, montrer que l'on parle un peu la langue du pays et que l'on s'est renseigné sur sa culture peuvent être utiles et rendre le voyage plus facile, plus agréable et surtout plus intéressant. Alors, n'hésitez pas à mettre en application les connaissances acquises dans ce guide !

Bienvenue en Thaïlande, le pays du sourire !
ยินดีต้อนรับสู่ประเทศไทย เมืองแห่งรอยยิ้ม
yin-dii tôon-ráp sòuu prà-tHêet tHaï muuang Hèɛng rɔɔy-yím

Contrôle de passeport et douane

Si vous voyagez en avion, un formulaire d'immigration rédigé en anglais vous sera distribué avant votre arrivée sur le sol thaïlandais. Il comporte des questions d'ordre général sur les raisons de votre voyage et les conditions de votre séjour. Une fois à l'aéroport, les agents des services de l'immigration sont les premières personnes que vous devriez rencontrer. Ils vous paraîtront certainement peu commodes mais il s'agit là d'une étape obligatoire. Sachez qu'ils sont tenus par leurs fonctions de ne pas sourire (même s'ils en ont envie !). Mais soyez sans crainte, dites poliment *Bonjour !* สวัสดี *[sa-wàt-dii]* puis patientez calmement en attendant votre tour et tout ira bien !

douane	ศุลกากร	sŏun-la-kaa-kɔɔn
passeport	หนังสือเดินทาง	năng-sŭu doeen-tHaang

Poste de contrôle...	จุดตรวจ...	djòut tròuuat...
des bagages	กระเป๋าเดินทาง	krà-păo doeen-tHaang
de l'immigration	คนเข้าเมือง	kHon-kHâo-muuang

Il est probable que les agents vous demandent de donner des renseignements vous concernant :

Veuillez écrire...	กรุณา เขียน...	ka-róu-naa kHĭian...
votre prénom.	ชื่อ	tchûu
votre nom de famille.	นามสกุล	naam-sa-koun
votre date de naissance. (jour/mois/année)	วัน/เดือน/ปี เกิด	wan/duuan/pii kòeet
votre nationalité.	สัญชาติ	săn-tchâat
votre adresse.	ที่อยู่	tHîi-yòuu

Veuillez signer s'il vous plaît.

กรุณา เซ็นชื่อ ครับ/ค่ะ
ka-róu-naa sen-tchûu kHráp/kHâ

Et l'on vous demandera peut-être :

Quelles sont les raisons de votre venue en Thaïlande ?

ทำไมคุณมาเมืองไทย
tHa^m-maï kHoun maa muuang-tHaï

Que comptez-vous faire en Thaïlande ?

คุณมาทำอะไรที่เมืองไทย
kHoun maa tHa^m à-raï tHîi muuang-tHaï

Je suis venu(e) pour...	ผม/ฉัน มา...	pHŏm/tchăn maa...
travailler.	ทำงาน	tHa^m-ngaan
passer des vacances.	พักผ่อน	pHák-pHɔ̀ɔn
voyager.	เที่ยว	tHîiaw

Change

Vous trouverez de nombreux bureaux de change au sein de l'aéroport Suvarnabhumi de Bangkok. En ville, la plupart des banques proposent un service de change, n'hésitez pas à comparer les taux proposés.

Je voudrais changer de l'argent.

ผม/ฉัน ต้องการแลกเงิน ครับ/ค่ะ
pHŏm/tchăn tɔ̂ɔng-kaan lɛ̂ɛk ngoeen kHráp/kHâ

Quel est votre taux de change ?

อัตราแลกเงินเท่าไหร่ ครับ/คะ
àt-traa lɛ̂ɛk ngoeen tHâo-ràï kHráp/kHá

Quels sont les frais de commission ?

ค่าคอมมิชชั่นเท่าไหร่ ครับ/คะ
kHâa kHɔɔm-mít-tchân tHâo-ràï kHráp/kHá

Je voudrais changer...	**ผม/ฉัน ต้องการแลกเงิน...**	*pHŏm/tchăn tôɔng-kaan lɛ̂ɛk ngoeen...*
des dollars.	**ดอลล่าร์**	*dɔɔn-lâa*
des euros.	**ยูโร**	*youu-roo*
des francs suisses.	**ฟรังก์ สวิส**	*frang sa-wís*

Monnaie

La monnaie thaïlandaise est le *baht*, บาท *[bàat]*. Il existe 5 types de billets : 20, 50, 100, 500 et 1 000 baht (N.B. Le mot *baht* est invariable en français). Les pièces ont une valeur de 1, 2, 5 et 10 baht. Il existe également les pièces de 25 et 50 centimes, qui, malgré leur faible valeur, sont toujours en circulation.

baht	**บาท**	*bàat*
billets	**แบงค์**	*bɛ́ɛng*
pièces	**เหรียญ**	*rĭan*
centime	**สตางค์**	*sa-taang*

dizaine	สิบ	sìp
centaine	ร้อย	rɔ́ɔy
millier	พัน	pHan
dix mille	หมื่น	mùun
cent mille	แสน	sɛ̌ɛn
million	ล้าน	láan

En avion

Les billets d'avion pour la Thaïlande restent chers mais les compagnies low-cost proposent des tarifs compétitifs et il existe des promotions si vous réservez vos billets à l'avance ou en dehors des périodes d'affluence. Il est ainsi possible de partir à un prix raisonnable.

Combien coûte le billet pour aller à… ?

ตั๋วเครื่องบินไป... ราคาเท่าไหร่
tŏuua kHrûuang-bin paï… raa-kHaa tHâo-ràï

À quelle heure part l'avion pour… ?

เครื่องบิน ไป... ออกกี่โมง
kHrûuang-bin paï… ɔ̀ɔk kìi moong

À quelle heure l'avion arrive-t-il à… ?

เครื่องบิน ถึง... กี่โมง
kHrûuang-bin tHŭng… kìi moong

aéroport	สนามบิน	sa-năam-bin
départs / arrivées	ขาออก / ขาเข้า	kHăa-òok / kHăa-kHâo
excédent de bagage	น้ำหนักกระเป๋าเกิน	ná^m-nàk krà-păo koeen
numéro de vol (vol n°…)	เที่ยวบินที่…	tHîiaw-bin tHîi…

En autocar et en train

L'autocar est un mode de transport très répandu car les tickets ne sont pas très chers et les départs sont fréquents, tant en journée qu'en soirée. Quant aux trains, le confort l'emporte sur la vitesse (60-80 km/h en moyenne).

autocar	บ.ข.ส.	bɔɔ-kHɔ̌ɔ-sɔ̌ɔ
changement (de véhicule/de ligne)	เปลี่ยน รถ/สาย	plìian rót/săay
terminus	สุดสาย	sòut-săay
train	รถไฟ	rót-faï

En bateau

Des bateaux-bus serpentent à travers les canaux de la ville sur la rivière Chao Phraya, dans les villes voisines et même en province. Vous pourrez aussi vous laisser tenter par une croisière à bord d'un bateau-restaurant pour déguster la cuisine thaïe tout en profitant du paysage qui s'offre à vous.

bac	เรือข้ามฟาก	ruaa kHâam fâak
bateau express (Chao Phraya)	เรือด่วน (เจ้าพระยา)	ruaa dòuuan (djâo-pHrá-yaa)
bateau touristique	เรือท่องเที่ยว	ruaa tHôɔg-tHîiaw
pirogue	เรือหางยาว	ruaa Hăang yaaw

En taxi ou en "Tuk Tuk"

À Bangkok, tous les taxis sont équipés de compteurs et sont estampillés "Taxi meter". Vous n'avez donc pas besoin de négocier le prix de la course, mais attention aux chauffeurs peu scrupuleux qui oublient d'appuyer sur le bouton du compteur ! Une fois installé, reposez-vous et laissez-vous emporter dans le flot des embouteillages qui sont le lot quotidien dans la capitale. Par précaution, nous vous recommandons de noter votre adresse de destination afin de pouvoir la montrer au chauffeur et éviter ainsi que votre accent français ne vous joue des tours… Certes, s'égarer dans la ville est une bonne façon de découvrir votre nouvel environnement, mais le trafic chaotique pourrait rendre votre trajet de retour très, très long ! Notez qu'en dehors des grandes villes, les *taxi meter* sont rares.

Je voudrais aller à…	ผม/ฉัน จะไปที่…	pHŏm/tchăn djà paï tHîi…
Emmenez-moi à…	ส่ง ผม/ฉัน ลงที่…	sòng pHŏm/tchăn long tHîi…

Arrêtez-vous ici.	หยุด(รถ) ที่นี่	yòut(-rót) tHîi-nîi
Attendez-moi ici.	รอ ผม/ฉัน ที่นี่	rɔɔ pHŏm/tchăn tHîi-nîi

C'est à combien de distance ?	ระยะทางเท่าไหร่	rá-yá-tHaang tHâo-ràï
Cela prend combien de temps ?	ใช้เวลานานเท่าไหร่	tchái wee-laa naan tHâo-ràï

Les taxis n'ont pas de GPS (c'est trop cher !) et les chauffeurs ne connaissent pas toutes les rues comme à Paris car Bangkok est une ville plus grande et son maillage urbain plus compliqué à cause des nombreuses rues et petites ruelles (appelées "soi"). Si vous n'allez pas au fin fond de Bangkok, les chauffeurs peuvent localiser l'endroit rapidement et vous emmener au quartier souhaité grâce au système combinant le nom de la rue et un chiffre (par exemple, *Sukhumvit 1, 2, 3…*), mais ensuite, pour trouver l'endroit exact, à vous de vous débrouiller !

Les "Tuk Tuk" ตุ๊กตุ๊ก, *[tóuk-tóuk]* ou "Sam Lo" สามล้อ, *[săam-lɔ́ɔ]*, sont des moto-tricycles très bruyantes et polluantes, qui constituent un moyen de transport incontournable. Il faut marchander le prix avant le départ, ce qui est parfois compliqué car les chauffeurs ne parlent pas souvent l'anglais ou très peu. Mais une course de courte distance est tout de même une expérience à tenter !

Location de voiture

Il est facile de louer une voiture en Thaïlande, mais cela n'est pas forcément conseillé et ce, pour plusieurs raisons. D'une part, il faut s'adapter à la conduite à gauche et d'autre part, conduire peut s'avérer dangereux du fait du manque de respect de certains automobilistes vis à vis du code de la route. Si néanmoins vous voulez tenter l'aventure, adressez-vous plutôt à l'un des grands loueurs internationaux qui offrent davantage de garanties que les petites agences locales, et une fois les clés en mains, soyez vigilant !

Notez qu'un permis international vous sera demandé pour la location. Enfin, faire le choix de louer une voiture avec chauffeur peut être une bonne manière de se déplacer en toute liberté en s'épargnant les contraintes de la conduite.

Je voudrais louer...	ผม/ฉัน ต้องการเช่า...	pHŏm/tchăn tôɔng kaan tchâo...
une moto.	มอเตอร์ไซค์ / จักรยานยนต์	mɔɔ-toee-saï / djàk-kra-yaan-yon
une voiture.	รถ	rót

(pour) une heure.	หนึ่งชั่วโมง	nùng tchôuua-moong
(pour) un jour.	หนึ่งวัน	nùng wan
(pour) une semaine.	หนึ่งอาทิตย์	nùng aa-tHít
(pour) un mois.	หนึ่งเดือน	nùng duuan

Circuler en voiture

Voici quelques mots de l'environnement urbain à connaître :

autoroute	ทางด่วน	tHaang dòuuan
carrefour	สี่แยก	sìi-yêɛk
feu de circulation / feu rouge	ไฟจราจร / ไฟแดง	faï dja-raa-djɔɔn / faï-dɛɛng
passage clouté	ทางม้าลาย	tHaang-máa-laay
pont	สะพาน	sà-pHaan
pont aérien	สะพานลอย	sà-pHaan lɔɔy
rue	ถนน	tHa-nǒn
trottoir	ทางเท้า / ฟุตบาท	tHaang-tHáo / fóut-bàat

Mots utiles

coût du transport	ราคาค่าโดยสาร	raa-kHaa kHâa-dooy-sǎan
guichet (vente de billets)	ช่อง/ที่ ขายตั๋ว	tchɔ̂ɔng/tHîi kHǎay tǒuua
passagers	ผู้โดยสาร	pHôuu-dooy-sǎan
prix du billet/ticket	ราคาตั๋ว	raa-kHaa tǒuua

Quand va-t-on... ?	เมื่อไหร่เราจะ...	mûua-ràï rao djà...
arriver	ถึง	tHǔng
partir	ไป	païï
rentrer	กลับ	klàp

↗ En ville

Bangkok est une ville tentaculaire. Avec ses nombreuses rues où circulent tuk tuk, taxis, motos, piétons... le trafic est toujours très dense. C'est une ville qui ne dort jamais ! De l'avenue grouillante de circulation, aux petites "soi" piétonnes, en passant par les khlongs, petits canaux qui parcourent la ville, il est facile de s'y perdre ! Mais, rassurez-vous, vous trouverez des taxis à tous les coins de rues pour vous orienter. Dynamique, vivante, et tellement accueillante : Bangkok, Cité des anges !

Pour trouver son chemin

Je veux aller à...	ผม/ฉัน จะไป...	pHǒm/tchǎn djà païï...
... comment y aller ?	...ไปยังไง	... païï yang-ngaï
Je suis perdu(e) !	ผม/ฉัน หลงทาง	pHǒm/tchǎn lǒng-tHaang
Où se trouve... ?	... อยู่ที่ไหน	... yòuu tHîi-nǎï
(Pour aller... c'est) par quel chemin ?	...ไปทางไหน	... païï tHaang nǎï

Direction et orientation

aller tout droit	ตรงไป	trong païe
se trouver à côté de...	อยู่ข้าง...	yòuu kHâang...
se trouver devant...	อยู่หน้า...	yòuu nâa...
se trouver derrière...	อยู่หลัง...	yòuu lăng...
se trouver ici	อยู่ที่นี่	yòuu tHîi-nîi
se trouver là-bas	อยู่ที่นั่น	yòuu tHîi-nân
se trouver près de...	อยู่ใกล้...	yòuu klâï...
tourner à gauche / tourner à droite	เลี้ยวซ้าย / เลี้ยวขวา	líiaw sáay / líiaw kHwăa
C'est loin.	อยู่ไกล	yòuu klaï

Demander son chemin

Quand on cherche, on trouve n'est-ce pas ?!

Où se trouve... ?	... อยู่ที่ไหน	... yòuu tHîi-năï
l'arrêt de bus	ป้ายรถเมล์	pâay rót-mee
l'embarcadère	ท่าเรือ	tHâa ruua
la gare ferroviaire	สถานีรถไฟ	sa-tHăa-nii rót-faï
la gare routière	สถานีขนส่ง	sa-tHăa-nii kHŏn-sòng

l'hôtel...	โรงแรม...	roong-rɛɛm...
la station de métro	สถานีรถไฟใต้ดิน	sa-tHăa-nii rót-faï-tâï-din
la station de métro aérien / la station de BTS	สถานีรถไฟฟ้า / สถานีบีทีเอส	sa-tHăa-nii rót-faï-fáa / sa-tHăa-nii bii-tHii-ées
la station de taxis	จุดจอดรถแท็กซี่	djòut-djɔ̀ɔt rót-tHɛ́ɛk-sîi

Dans ce quartier, est-ce qu'il y a… ?

แถวนี้มี...ไหม

tHɛ́ɛw-níi mii... măï

Près d'ici, est-ce qu'il y a… ?	ใกล้ๆนี่มี...ไหม	klâï-klâï nîi mii... măï
un bureau de poste	ไปรษณีย์	praï-sa-nii
un marché	ตลาด	ta-làat
un parking	ที่จอดรถ	tHîi-djɔ̀ɔt-rót
une pharmacie	ร้านขายยา	ráan kHăay-yaa
une quincaillerie	ร้านขายของชำ	ráan kHăay-kHɔ̌ɔng-tcha^m
un restaurant	ร้านอาหาร	ráan aa-Hăan
une station-service	ปั๊มน้ำมัน	pám-ná^m-man
un supermarché	ซุปเปอร์มาร์เก็ต	sóup-pôee-maa-kêt
des toilettes publiques	ห้องน้ำสาธารณะ	Hɔ̂ɔng-ná^m săa-tHaa-ra-ná

CONVERSATION

En métro et en bus

Le métro (MRT) et le Skytrain (métro aérien, aussi appelé BTS) sont les transports les plus pratiques pour circuler mais les tarifs restent chers par rapport au niveau de vie local. Quant aux bus, de très nombreuses lignes circulent à l'intérieur et à proximité de la capitale. À vous de savoir quelle ligne prendre ! Les tarifs sont très bon marché. Les tickets s'achètent dans le bus auprès d'une personne appelée พนักงานเก็บค่าโดยสาร *[pHa-nák-ngaan kèp kHâa-dooy-săan]*, et non auprès du chauffeur.

bus	รถเมล์	rót-mee
métro	รถไฟใต้ดิน	rót-faï-tâï-din
métro aérien / Skytrain (BTS)	รถไฟฟ้า / บีทีเอส	rót-faï-fáa/ bii-tHii-ées

Je veux aller à…

ผม/ฉัน ต้องการไป…

pHŏm/tchăn tôong-kaan paï…

Quelle ligne de bus/de Skytrain faut-il prendre ?

ต้องขึ้น รถเมล์/บีทีเอส สายอะไร ครับ/คะ

tôong kHûn rót-mee/bii-tHii-ées săay àraï kHráp/kHá

Vous devrez prendre…

คุณต้องขึ้น…

kHoun tôong kHûn…

Il est préférable de prendre…

คุณควรขึ้น... ครับ/ค่ะ

kHoun kHouuan kHûn… kHráp/kHâ

Il faut prendre…

ต้องขึ้น...

tôong kHûn…

Je voudrais acheter…	ผม/ฉัน ต้องการ ซื้อ...	pHŏm/tchăn tôong-kaan súu...
un aller-retour.	ตั๋วไปกลับ	tŭuua paï-klàp
un aller simple.	ตั๋วไปเที่ยวเดียว	tŭuua paï tHîiaw-diiaw
un ticket.	ตั๋ว	tŭuua

Combien de tickets voulez-vous acheter ?

คุณต้องการซื้อตั๋วกี่ใบ ครับ/คะ

kHoun tôong-kaan súu tŭuua kìi baï kHráp/kHá

Combien de personnes êtes-vous ?

กี่คน ครับ/คะ

kìi kHon kHráp/kHá

Visite d'expositions, musées, sites

De manière générale, les Thaïlandais ne sont pas très friands de musées et d'expositions. Il faut dire qu'il suffit de se balader un peu à Ayutthaya ou à Chiang Mai, pour s'émerveiller devant la beauté architecturale des temples et des palais royaux ouverts au public. Là, se côtoient des temples anciens et modernes pour nous offrir de véritables trésors culturels à ciel ouvert !

Nous allons voir une exposition.

เราจะไปดูนิทรรศการ

rao djà paï douu ní-tHát-sa-kaan

Nous allons visiter...	เราจะไปชม...	rao djà paï tchom...
un monument (historique).	อนุสาวรีย์	a-nóu-sǎa-wa-rii
un musée.	พิพิธภัณฑ์	pHí-pHít-tHa-pHan
un palais.	พระราชวัง	pHrá-râat-tcha-wang
un site historique.	โบราณสถาน	boo-raan-sa-tHǎan
un temple ancien/antique.	วัด เก่า/โบราณ	wát kào/boo-raan

Combien coûte le billet d'entrée s'il vous plaît ?

ตั๋วเข้าชมราคาเท่าไหร่ครับ/คะ

tǒuua kHâo tchom raa-kHaa tHâo-ràï kHráp/kHá

Sorties au cinéma, au théâtre, au pub

boîte de nuit	ไนท์คลับ	náï-kHlàp
pub / club	ผับ / คลับ	pHàp / kHlàp
salle de cinéma	โรงภาพยนตร์ / โรงหนัง	roong pHâap-pHa-yon / roong nǎng
théâtre (lieu)	โรงละคร	roong lá-kHɔɔn

J'aimerais assister à un spectacle de…	ผม/ฉัน อยากดู การแสดง… ครับ/ค่ะ	pHŏm/tchǎn yàak douu kaan-sa-dɛɛng… kHráp/kHâ
musique traditionnelle thaïe.	ดนตรีไทย	don-trii tHaï
théâtre.	ละครเวที	lá-kHɔɔn-wee-tHii
théâtre masqué.	โขน	kHŏon

Bonjour, je voudrais deux places (pour le film…)

สวัสดีครับ/ค่ะ ขอซื้อตั๋วสองใบครับ/ค่ะ

sa-wàt-dii kHráp/kHâ kHɔ̌ɔ súu tŭua sɔ̌ɔng baï kHráp/kHâ

En Thaïlande, la tradition veut qu'avant une projection de film au cinéma, à la fin d'un spectacle, une pièce de théâtre ou un concert, l'hymne royal soit diffusé. Les spectateurs sont alors invités à se lever pour rendre hommage au Roi. Cette coutume est perçue, non comme une obligation, mais comme l'occasion pour les Thaïlandais d'exprimer leur profond respect pour le monarque, qu'ils admirent. Cet attachement au Roi s'explique par la longueur de son règne (depuis plus de 65 ans à la tête du pays), et par ses nombreuses bonnes actions dans l'intérêt du pays.

Allons voir…	เราไปดู… กัน	rao paï douu… kan
un film !	ภาพยนตร์ / หนัง	pHâap-pHa-yon / nǎng
une pièce de théâtre (spectacle) !	ละคร	lá-kHɔɔn

CONVERSATION

Allons écouter...	เราไปฟัง... กัน	rao paï fang... kan
un concert !	คอนเสิร์ต	kHɔɔn-sòeet
de la musique !	เพลง	pHleeng

Au téléphone

Pour passer des appels ou accéder à Internet depuis votre mobile, nous vous conseillons d'acheter une carte sim. Pour cela, rien de plus simple : elles sont en vente un peu partout, y compris au 7-Eleven : une supérette ouverte 7 j/7 et 24 h/24 que l'on trouve à tous les coins de rue. Leur prix est dérisoire et vous pouvez les recharger facilement, toujours au 7-Eleven.

Bonjour, je voudrais acheter une carte sim, s'il vous plaît.

สวัสดีครับ/ค่ะ ผม/ฉัน ต้องการซื้อซิม ครับ/ค่ะ
sa-wàt-dii kHráp/kHâ pHŏm/tchăn tôong-kaan súu "sim" kHráp/kHâ

Allô ? Bonjour, je voudrais parler à... s'il vous plaît.

ฮัลโหล สวัสดีครับ/ค่ะ ขอพูดกับ... ครับ/ค่ะ
Han-lŏo sa-wàt-dii kHráp/kHâ kHɔ̌ɔ pHôuut kàp... kHráp/kHâ

Excusez-moi, qui est à l'appareil ?

ขอโทษ ใครพูด ครับ/คะ
kHɔ̌ɔ-tHôot kHraï pHôuut kHráp/kHá

numéro de téléphone	หมายเลขโทรศัพท์	măay-lêek tHoo-ra-sàp
téléphone portable	โทรศัพท์มือถือ	tHoo-ra-sàp muu tHŭu

Je voudrais laisser un message.	ขอฝากข้อความ	kHŏo fàak kHôo-kHwaam
Je vous envoie un SMS.	ผม/ฉัน จะส่งข้อความถึงคุณ	pHŏm/tchăn djà sòng kHôo-kHwaam tHŭng kHoun
Veuillez téléphoner à... svp	ช่วยโทรถึง... ด้วย	tchôuuay tHoo tHŭng... dôuuay
Veuillez envoyer un SMS à... svp	ช่วยส่งข้อความถึง... ด้วย	tchôuuay sòng kHôo-kHwaam tHŭng... dôuuay
Il n'y a pas de réseau.	ไม่มีสัญญาณ	mâï mii săn-yaan

À la poste

Les bureaux de poste se font assez rares en Thaïlande. Il y en a un ou deux par quartier et les horaires sont plutôt restreints (de 8h30 à 16h30 en semaine et jusqu'à 12h le samedi) mais vous trouverez aussi de petits points de vente de timbres ou enveloppes dans les centres commerciaux.

Je voudrais envoyer du courrier. Où y a-t-il un bureau de poste, svp ?

ผม/ฉัน ต้องการส่งจดหมาย ไปรษณีย์อยู่ที่ไหน ครับ/คะ

pHŏm/tchăn tôong-kaan sòng djòt-măay praï-sa-nii yòuu tHîi-năï kHráp/kHá

Je voudrais acheter/ envoyer...	ผม/ฉัน ต้องการซื้อ ส่ง... ครับ/ค่ะ	pHŏm/tchăn tôong-kaan súu/ sòng... kHráp/kHâ
des cartes postales.	ไปรษณียบัตร	praï-sa-nii-ya-bàt
des colis.	พัสดุ	pHát-sa-dòu
du courrier en express.	จดหมายด่วน	djòt-măay dòuuan
du courrier recommandé.	จดหมายลงทะเบียน	djòt-măay long tHá-biian
des enveloppes.	ซองจดหมาย	sɔɔng djòt-măay
des timbres.	แสตมป์	sa-tɛɛm

Internet

La plupart des hôtels sont équipés du système Wi-Fi gratuit ou payant. En cas de besoin, des cybercafés ou des cafés-Internet sont souvent présents dans le centre-ville et faciles d'accès.

café-Internet	ร้านอินเตอร์เน็ต / เน็ตคาเฟ่	ráan in-toee-nèt / nèt-kHaa-fêe
clé USB	ยูเอสบี / แฟลชไดรฟ์	youu-és-bii / flɛ̀ɛt-draï
e-mail	อีเมล์	ii-meew
imprimante	เครื่องพิมพ์ / ปริ้นเตอร์	kHrûuang pHim / prín-tôee
imprimer	พิมพ์	pHim

Internet	อินเตอร์เน็ต / เน็ต	*in-toee-nèt / nèt*
mot de passe / code	รหัส / โค้ด	*ra-Hàt / kHóot*
ordinateur	คอมพิวเตอร์	*kHɔɔm-pHíw-tôee*
ordinateur portable	คอมพิวเตอร์พกพา / โน้ตบุ๊ค	*kHɔɔm-pHíw-tôee pHók-pHaa / nóot-búuk*
photocopieuse	เครื่องถ่ายเอกสาร	*kHrûuang tHàay èek-ka-săan*
réseau / signal	สัญญาณ	*săn-yaan*
scanner (appareil) / scanner (faire un scan)	เครื่องสแกน / สแกน	*kHrûuang sa-kɛɛn / sa-kɛɛn*
site Internet	เว็บไซต์	*wép-sáï*
Wi-Fi	ไวฟาย	*waï-faay*

L'administration

Pour vos démarches en tant que touriste, contactez l'ambassade ou le consulat de votre pays. À titre informatif, voici les coordonnées de l'ambassade de France à Bangkok :
ตึกกสท.ชั้น 23 ถนนเจริญกรุง บางรัก กรุงเทพฯ 10500 – Tour CAT, 23ᵉ étage, Charoenkrung Road, Bangrak, BKK 10500. Téléphone : [66] (0)2 657 5100 / (0)2 627 2100.

ambassade	สถานทูต	*sa-tHăan-tHôuut*
consulat	สถานกงสุล	*sa-tHăan-kong-sŏun*

S'il vous plaît, je voudrais aller à l'ambassade/au consulat de France.

ผม/ฉัน ต้องการไป สถานทูต/สถานกงสุล ฝรั่งเศส ครับ/ค่ะ
pHŏm/tchăn tôɔng-kaan paï sa-tHăan-tHôuut/sa-tHăan-kong-sŏun fa-ràng-sèet kHráp/kHâ

Notez aussi le nom des *services de l'immigration* : กองตรวจคนเข้าเมือง *[kɔɔng tròuuat kHon kHâo-muuang]* auxquels il faut s'adresser si vous souhaitez demander un nouveau *visa* วีซ่า *[wii-sâa]* (en cas de sortie du territoire thaïlandais par exemple) ou pour prolonger le visa en cours.

Demander un visa...	ขอวีซ่า (...)	kHɔ̌ɔ wii-sâa (...)
[pour les] élèves / étudiants	นักเรียน / นักศึกษา	nák-riian / nák-sùk-sǎa
de tourisme (touriste)	(นัก)ท่องเที่ยว	(nák-)tHôɔng-tHîiaw
de transit	ผ่านเข้าประเทศ	pHàan kHâo prà-tHêet
de travail	ทำงาน	tHa^m-ngaan

En cas de perte ou de vol

Le risque d'être victime d'un vol est réel dans n'importe quelle grande ville du monde et la Thaïlande n'y fait pas exception, malgré la présence de la police touristique. Soyez donc vigilant avec vos affaires. En cas de problème, contactez la police touristique dont le numéro est le 1155 et, pour que l'on vous délivre des papiers d'identité provisoires suite à une perte ou un vol, adressez-vous à l'ambassade de votre pays.

J'ai perdu...	ผม/ฉัน ทำ... หาย	pHŏm/tchăn tHa^m... Hăay
mon appareil photo.	กล้องถ่ายรูป	klɔ̂ɔng tHàay-rôuup
ma carte d'identité.	บัตรประชาชน	bàt prà-tchaa-tchon
ma carte de crédit.	บัตรเครดิต	bàt kHree-dìt
mes clés.	กุญแจ	kun-djɛɛ
mes lunettes.	แว่นตา	wɛ̂ɛn-taa
mon ordinateur.	คอม / คอมพิวเตอร์	kHɔɔm / kHɔɔm-pHíw-tôee
mon passeport.	พาสปอร์ต / หนังสือเดินทาง	páas-pɔ̀ɔt / năng-sŭu doeen-tHaang
mon permis de conduire.	ใบขับขี่	baï kHàp-kHìi
mon portefeuille.	กระเป๋าเงิน	krà-păo ngoeen
mon sac. / ma valise.	กระเป๋า / กระเป๋าเดินทาง	krà-păo / krà-păo doeen-tHaang
mon sac à main.	กระเป๋าถือ	krà-păo tHŭu
mon téléphone portable.	โทรศัพท์มือถือ	tHoo-ra-sàp muu-tHŭu

CONVERSATION 123

Mon portefeuille a été volé.

กระเป๋าเงินของ ผม/ฉัน ถูกขโมย ครับ/ค่ะ

krà-pǎo ngoeen kHôong pHǒm/tchǎn tHòuuk kHa-mooy kHráp/kHâ

À la banque

À chaque coin de rue et dans les centres commerciaux, vous trouverez des distributeurs automatiques, เครื่องถอนเงินอัตโนมัติ *[kHrûuang tHɔ̌ɔn ngoeen àt-ta-noo-mát]*, ou ATM (Automatic Teller Machine), ตู้เอทีเอ็ม *[tôuu-ee-tHii-em]*, où vous pourrez retirer de l'argent. Pour changer de devise, adressez-vous à la banque ou aux bureaux de change.

Je voudrais…	ผม/ฉัน ต้องการ…	*pHǒm/tchǎn tôong-kaan…*
acheter des chèques de voyage.	ซื้อเช็คเดินทาง	*súu tchék doeen-tHaang*
changer de l'argent.	แลกเงิน	*lɛ̂ɛk ngoeen*
déposer de l'argent.	ฝากเงิน	*fàak ngoeen*
ouvrir un compte.	เปิดบัญชี	*pòeet ban-tchii*
retirer de l'argent.	ถอนเงิน	*tHɔ̌ɔn ngoeen*

Chez le coiffeur

Envie d'une nouvelle coupe ? Une visite chez le coiffeur ร้านทำผม *[raan tHa^m pHǒm]*, littéralement : "boutique faire cheveux" est une excellente occasion de s'approcher de la vie locale. Ces quelques phrases vous aideront à entamer la conversation :

Je souhaite que l'on me fasse...	ผม/ฉัน อยากจะ...	pHŏm/tchăn yàak djà...
une couleur.	ย้อมสีผม	yɔ́ɔm sĭi pHŏm
une coupe.	ตัดผม	tàt-pHŏm
une permanente.	ดัดผม	dàt-pHŏm
un shampoing.	สระผม	sà-pHŏm

Je voudrais que l'on me rase la moustache/la barbe.

ผม/ฉัน อยากจะโกน หนวด/เครา
pHŏm/tchăn yàak djà koon nòuuat/kHrao

↗ À la campagne, à la plage, à la montagne

Sites naturels

campagne	ชนบท	tchon-na-bòt
canal	คลอง	kHlɔɔng
chute d'eau	น้ำตก	nám-tòk
cours d'eau	ลำธาร	lam-tHaan
désert	ทะเลทราย	tHá-lee-saay
falaise	หน้าผา	nâa-pHăa

CONVERSATION

forêt	ป่า	pàa
lac	ทะเลสาบ	tHá-lee-sàap
mer	ทะเล	tHá-lee
montagne	ภูเขา	pHouu-kHǎo
nature	ธรรมชาติ	tHam-ma-tchâat
plaine	ที่ราบ	tHîi-râap
rivière	แม่น้ำ	mɛ̂ɛ-nám

Sports de loisir

La carte des activités et des sports de loisir est très étendue, il y en a vraiment pour tous les goûts. Demandez à la réception de votre hôtel ou à l'agence de tourisme locale pour en avoir un aperçu.

J'aimerais assister à…	ผม/ฉัน อยากดู… ครับ/ค่ะ	pHǒm/tchǎn yàak-douu… kHráp/kHâ
un combat de boxe thaïe.	มวยไทย	mouuay tHaï
un spectacle de danse thaïe.	การแสดงรำไทย	kaan-sa-dɛɛng ram tHaï

courses hippiques	แข่งม้า	kHɛ̀ɛng-máa
football	ฟุตบอล	fóut-bɔɔn
stade	สนามกีฬา	sa-nǎam kii-laa

À la piscine, à la plage

La Thaïlande est mondialement réputée pour la beauté de ses plages, ses étendues de sable fin et ses eaux turquoises. Les amateurs de plongée apprécieront la richesse et la variété de ses fonds marins.

natation	ว่ายน้ำ	wâay-ná^m
piscine	สระว่ายน้ำ	sà-wâay-ná^m
plage	ชายหาด	tchaay-Hàat
plongée	ดำน้ำ	da^m-ná^m

Arbres et fleurs

Le figuier des pagodes est une espèce de ficus vénérée par les Thaïlandais car c'est sous cet arbre que Bouddha aurait atteint la **Bodhi**, la connaissance suprême. En Thaïlande, certaines personnes croient aux esprits des arbres et pensent qu'ils en hébergent. Maintenant, vous ne vous étonnerez plus de voir des offrandes déposées à leurs pieds !

arbre	ต้นไม้	tôn-máï
figuier des pagodes	ต้นโพธิ์	tôn pHoo
fleur	ดอกไม้	dɔ̀ɔk-máï
jasmin	ดอกมะลิ	dɔ̀ɔk má-lí

CONVERSATION

lotus	ดอกบัว	dɔ̀ɔk bouua
orchidée	ดอกกล้วยไม้	dɔ̀ɔk klôuuay-máï
rose	ดอกกุหลาบ	dɔ̀ɔk kòu-làap

La plupart des fleurs que l'on trouve en Thaïlande sont très parfumées et vous ne manquerez pas de vous extasier sur les effluves exhubérants laissés par les roses ou les fleurs de jasmin. Si les fleurs de lotus ne présentent pas cet attrait, elles sont particulièrement utilisées dans les cérémonies religieuses pour vénérer le Bouddha.

Animaux

Dans ce pays à grande majorité bouddhiste, l'éléphant est vénéré, notamment l'éléphant blanc. Selon la légende, la mère de Bouddha aurait été fécondée en songe, par un éléphant blanc. Symbole de paix et de prospérité, il évoque la réincarnation de Bouddha. Un éléphant blanc figurait d'ailleurs sur le drapeau de l'ancien Royaume du Siam (Thaïlande avant 1939).

bœuf	กระบือ / ควาย	krà-buu / kHwaay
canard	เป็ด	pèt
chat	แมว	mɛɛw

cheval	ม้า	máa
chien	สุนัข / หมา	sòu-nák / măa
éléphant	ช้าง	tcháang
lapin	กระต่าย	krà-tàay
poisson	ปลา	plaa
porc	หมู	mŏuu
poulet	ไก่	kàï
serpent	งู	ngouu
singe	ลิง	ling
tigre	เสือ	sŭua
vache	วัว	wouua

↗ Hébergement

Réservation d'hôtel

En Thaïlande, vous aurez le choix entre de multiples types d'hébergements. Des hôtels tout confort aux petits bungalows sur la plage, il y en a pour tous les goûts et tous les budgets.

Je cherche… / Je voudrais réserver…	ผม/ฉัน กำลังหา… / ต้องการจอง… ครับ/ค่ะ	pHŏm/tchăn ka^m-lang Hăa… / tôong-kaan djoong… kHráp/kHâ
une auberge.	เกสต์เฮาส์	kées-Háo
une chambre.	ห้องพัก	Hôong-pHák
une chambre à louer.	ห้องเช่า	Hôong-tchâo
un gîte. / une maison d'hôte.	โฮมสเตย์	Hoom-sa-tee
un hôtel.	โรงแรม	roong-rɛɛm

Est-ce qu'il y a des chambres disponibles ?

มีห้องว่างไหม

mii Hôong wâang măï

C'est combien par nuit ?

ราคาคืนละเท่าไหร่

raa-kHaa kHuun lá tHâo-rài

À la réception

Je voudrais…	ผม/ฉัน ต้องการ…	pHŏm/tchăn tôong-kaan…
une chambre simple.	ห้องเดี่ยว	Hôong dìiaw
une chambre double.	ห้องคู่	Hôong kHôuu
un lit simple.	เตียงเดี่ยว	tiiang dìiaw

un lit double.	เตียงคู่	tiiang kHôuu
un lit supplémentaire.	เตียงเสริม	tiiang sŏeem

Combien de nuits / combien de temps souhaitez-vous rester ?

คุณต้องการพักกี่คืน/นานเท่าไหร่ ครับ/คะ
kHoun tôɔng-kaan pHák kìi kHuun/naan tHâo-ràï kHráp/kHá

Je voudrais rester une/deux nuit(s).

ผม/ฉัน จะพัก หนึ่ง/สอง คืน ครับ/ค่ะ
pHŏm/tchăn djà pHák nùng/sɔ̌ɔng kHuun kHráp/kHâ

Voici...	นี่... ครับ/ค่ะ	nîi... kHráp/kHâ
votre carte.	บัตร	bàt
vos clés.	กุญแจ	koun-djɛɛ

Vocabulaire des services et du petit-déjeuner

Les services proposés dépendent évidemment de la catégorie d'hôtel dans lequel vous séjournez. Voici quelques phrases qui peuvent être utiles.

Dans la chambre, y a-t-il... ?	ในห้องมี... ไหม	naï Hɔ̂ɔng mii... măï
une couette	ผ้าห่ม	pHâa-Hòm
de l'eau / une bouteille d'eau	น้ำ / ขวดน้ำ	ná^m / kHòuuat-ná^m

CONVERSATION

l'eau chaude	น้ำร้อน	ná^m-rɔ́ɔn
des oreillers	หมอน	mɔ̌ɔn
du papier toilette	กระดาษชำระ	krà-dàat-tcha^m-rá
du savon	สบู่	sa-bòuu
du shampoing	ยาสระผม / แชมพู	yaa-sà-pHǒm / tchɛɛm-pHouu
des serviettes	ผ้าเช็ดตัว	pHâa-tchét-touua

Y a-t-il un sèche-cheveux dans la chambre ?

ในห้องมีเครื่องเป่าผมไหม

naï Hɔ̂ɔng mii kHrûuang-pào-pHǒm mǎï

Dans cet hôtel, y a-t-il un service… ?	ที่โรงแรมมี บริการ… ไหม	tHîi roong-rɛɛm mii bɔ-rí-kaan… mǎï
de ménage	ทำความสะอาด	tHa^m kHwaam-sà-àat
de nettoyage	ซักผ้า	sák pHâa
de nettoyage à sec	ซักแห้ง	sák Hɛ̂ɛng
de repassage	รีดผ้า	rîit pHâa

Dans cet hôtel, est-ce qu'il y a internet ou le Wi-Fi ?

ที่โรงแรมมีบริการ อินเตอร์เน็ตหรือไวฟายไหม

tHîi roong-rɛɛm mii bɔ-rí-kaan in-toee-nèt rǔu waï-faay mǎï

Le petit-déjeuner

beurre	เนย	noeey
buffet	บุฟเฟต์	bóup-fêe
café	กาแฟ	kaa-fɛɛ
confiture	แยม	yɛɛm
jambon	แฮม	Hɛɛm
jus de fruits	น้ำผลไม้	ná^m-pHŏn-la-máï
lait	นม	nom
œuf dur	ไข่ต้ม	kHàï-tôm
œuf au plat	ไข่ดาว	kHàï-daaw
omelette	ไข่เจียว	kHàï-djiiaw
pain	ขนมปัง	kHa-nŏm-pang
petit-déjeuner	อาหารเช้า	aa-Hăan tcháo
thé	ชา / น้ำชา	tchaa / ná^m-tchaa

En cas de petit problème à l'hôtel

Si vous rencontrez un problème dans votre chambre ou si vous voulez demander un service, adressez-vous au *réceptionniste* พนักงานต้อนรับ *[pHa-nák-ngaan-tɔ̂ɔn-ráp].*

J'ai un petit problème avec...	ผม/ฉัน มีปัญหาเล็กน้อยกับ...	pHŏm/tchăn mii pan-Hăa lék-nóoy kàp...
l'ampoule.	หลอดไฟ	lòot-faï
la climatisation.	เครื่องทำความเย็น	kHrûuang-tHa^m-kHwaam-yen
la cuvette.	โถส้วม	tHŏo-sôuuam
la fenêtre.	หน้าต่าง	nâa-tàang
la prise électrique.	ปลั๊กไฟ	plák-faï
le réfrigérateur.	ตู้เย็น	tôuu-yen
les rideaux.	ผ้าม่าน	pHâa-mâan
le robinet.	ก๊อกน้ำ	kók-ná^m
la télévision.	ทีวี	tHii-wii

J'ai un petit problème avec la clim dans ma chambre.

ผม/ฉัน มีปัญหาเล็กน้อยกับแอร์ในห้อง ครับ/ค่ะ
pHŏm/tchăn mii pan-Hăa lék-nóoy kàp εε naï Hôong kHráp/kHâ

La chambre n'est pas propre.

ห้องไม่สะอาด
Hôong mâï sa-àat

Est-il possible de changer de chambre ?

ขอเปลี่ยนห้องได้ไหม
kHŏo plìian Hôong dâï măï

Régler la note

Je voudrais...	ผม/ฉัน ต้องการ...	pHŏm/tchăn tôong-kaan...
rendre la chambre.	คืนห้อง	kHuun Hôong
payer la chambre.	จ่ายค่าห้องพัก	djàay kHâa Hôong-pHák
une facture.	ใบเสร็จ	baï-sèt

Je vais payer...	ผม/ฉันจะจ่ายด้วย...	pHŏm/tchăn djà djàay dôuuay...
en espèces.	เงินสด	ngoeen-sòt
par carte.	บัตรเครดิต	bàt-kHree-dìt

↗ Nourriture

Au restaurant

Arrivé au restaurant, vous n'êtes pas obligé d'attendre que le serveur vous indique une table, vous pouvez aller directement vous installer à la table de votre choix si celle-ci est disponible. Voici pour commencer une petite liste des différents lieux de restauration :

Restaurant...	ร้านอาหาร...	ráan aa-Hăan...
chinois	จีน	djiin

occidental	ฝรั่ง	fa-ràng
thaï	ไทย	tHaï
fast-food	ฟาสต์ฟู้ด	fáas-fóuut
food center	ฟู้ดเซ็นเตอร์	fóuut-sen-tôee

Les food centers sont des restaurants très populaires en Thaïlande. Le principe est simple : à l'intérieur, les plats sont présentés sur différents stands, en fonction du type de plat ou de cuisine. Après avoir repéré ce qui vous fait envie, il vous faudra passer à la caisse et acheter des coupons ou une carte magnétique créditée d'un certain montant. Ensuite, vous pourrez directement vous servir, en veillant à ce que les plats choisis correspondent à la somme dont vous disposez. Si vous consommez moins que prévu, on vous rendra vos coupons ou la somme correspondante.

Combien de personnes êtes-vous ?

กี่คน ครับ/คะ

kìi kHon kHráp/kHá

Nous sommes trois (personnes).

สามคน ครับ/ค่ะ

săam kHon kHráp/kHâ

Je voudrais...	ผม/ฉัน ต้องการ...	pHŏm/tchăn tôɔng-kaan...
une assiette.	จาน	djaan
un bol / un petit bol.	ชาม / ถ้วย	tchaam / tHôuuay
un reçu / une facture.	ใบเสร็จ	baï-sèt

L'addition, s'il vous plaît !

คิด/เก็บ เงิน ครับ/ค่ะ
kHít/kèp ngoeen kHráp/kHâ

Je voudrais peu d'épices / pas d'épices du tout dans mon plat, s'il vous plaît.

เผ็ดนิดหน่อยนะ ครับ/คะ / ไม่เผ็ดเลยนะ ครับ/คะ
pHèt nít-nɔ̀ɔy ná kHráp/kHá / mâï pHèt loeey ná kHráp/kHá

Je ne veux pas de glutamate dans mon plat.

ไม่ใส่ผงชูรสนะ ครับ/คะ
mâï sàï pHŏng-tchouu-rót ná kHráp/kHá

Merci !

ขอบคุณ ครับ/ค่ะ
kHɔ̀ɔp-kHoun kHráp/kHâ

Spécialités et plats traditionnels

L'art culinaire thaï est d'une qualité indiscutable. Il ne faut surtout pas manquer de goûter aux plats typiques !

Qu'avez-vous à nous conseiller ?

คุณมีอาหารอะไรจะแนะนำบ้าง ครับ/คะ

kHoun mii aa-Hǎan à-raï djà né-na^m bâang kHráp/kHá

Je vais prendre...

ผม/ฉัน จะเอา... ครับ/ค่ะ

pHǒm/tchǎn djà ao... kHráp/kHâ

Je voudrais commander...	ผม/ฉัน ต้องการสั่ง... ครับ/ค่ะ	pHǒm/tchǎn tôong-kaan sàng... kHráp/kHâ
du bœuf grillé.	เสือร้องไห้	sǔua róong Hâi
du curry massaman.	มัสมั่น	mát-sa-màn
du curry vert au poulet.	แกงเขียวหวานไก่	kɛɛng kHǐiaw wǎan kàï
un pad thaï aux crevettes/au poulet.	ผัดไทย กุ้ง/ไก่	pHàt-tHaï kôung/kàï
du poisson frit/grillé.	ปลา ทอด/เผา	plaa tHôot/pHǎo
du porc/du poulet sauté au basilic.	หมู/ไก่ ผัดกะเพรา	mǒuu/kàï pHàt kà-pHrao
du porc/du poulet grillé.	หมู/ไก่ ย่าง	mǒuu/kàï yâang
des raviolis au porc/ aux crevettes.	เกี๊ยว หมู/กุ้ง	kíiaw mǒuu/kôung
du riz blanc.	ข้าวสวย / ข้าวขาว	kHâaw sǒuuay / kHâaw kHǎaw
du riz gluant.	ข้าวเหนียว	kHâaw nǐiaw

du riz sauté aux crevettes/ au porc/au poulet.	ข้าวผัด กุ้ง/หมู/ไก่	kHâaw-pHàt kôung/ mŏuu/kàï
de la salade de papaye.	ส้มตำ	sôm-ta^m
de la salade de poulet/ canard/porc/bœuf	ลาบ ไก่/เป็ด/หมู/ เนื้อ	lâap kàï/pèt/mŏuu/ núua
de la soupe avec des nouilles chinoises.	บะหมี่น้ำ	bà-mìi ná^m
de la soupe avec des pâtes de riz.	ก๋วยเตี๋ยวน้ำ	kŏuuay-tĭiaw ná^m
du tom yam aux crevettes/au poisson/ au poulet.	ต้มยำ กุ้ง/ปลา/ไก่	tôm-ya^m kôung/ plaa/kàï

Vocabulaire des mets et produits

Légumes

Si dans nos contrées, il faut rappeler aux consommateurs de manger des légumes en quantité suffisante, chez les Thaïlandais au contraire, les légumes, agrémentés de plantes aromatiques et d'épices, sont à la base de la préparation des plats et sont consommés quotidiennement. Voilà une petite liste pour vous aider à les reconnaître :

ail	กระเทียม	krà-tHiiam
basilic	กะเพรา	kà-pHrao
cacahuète	ถั่ว	tHòuua
champignons	เห็ด	Hèt
chou chinois	ผักกาดขาว	pHàk-kàat-kHăaw

CONVERSATION

ciboulette	ต้นหอม	tôn-Hɔ̌ɔm
citronnelle	ตะไคร้	tà-kHráï
concombre	แตงกวา	tɛɛng-kwaa
échalote	หอมแดง	Hɔ̌ɔm dɛɛng
galanga (épice proche du gingembre)	ข่า	kHàa
gingembre	ขิง	kHĭng
haricots longs	ถั่วฝักยาว	tHòuua fàk yaaw
menthe	สะระแหน่	sà-rá-nɛ̀ɛ
oignon	หัวหอม	Hŏuua-Hɔ̌ɔm
persil asiatique	ผักชี	pHàk-tchii
piment	พริก	pHrík
pousse de bambou	หน่อไม้	nɔ̀ɔ-máï
salade	สลัด	sa-làt
soja	ถั่วงอก	tHòuua-ngɔ̂ɔk
tomate	มะเขือเทศ	má-kHŭua-tHêet

Fruits

Sur ce sujet, il n'y a pas à dire, vous ne trouverez nulle part ailleurs des fruits exotiques en abondance aussi beaux et savoureux qu'en Thaïlande !

Un petit tour sur les marchés vous permettra de découvrir ceux dont les noms vous sont encore inconnus.

ananas	สับปะรด	sàp-pa-rót
banane	กล้วย	klôuuay
canne à sucre	อ้อย	ôɔy
durian	ทุเรียน	tHóu-riian
longane	ลำไย	la^m-yaï
litchi	ลิ้นจี่	lín-djii
mangue	มะม่วง	má-môuuang
orange	ส้ม	sôm
papaye	มะละกอ	má-lá-kɔɔ
pastèque	แตงโม	tɛɛng-moo
rambutan	เงาะ	ngɔ́

Viande

Ni la viande de *lapin*, กระต่าย *[krà-tàay]*, ni celle de *cheval*, ม้า *[máa]* ne font partie de la cuisine thaïlandaise, et, pour tordre le cou aux éventuelles idées reçues, encore moins la viande de *chien*, หมา *[mǎa]* !

CONVERSATION

Viande de...	เนื้อ...	núua...
bœuf	วัว / เนื้อ	wouua / núua
chèvre	แพะ	pHέ
mouton	แกะ	kὲ
porc	หมู	mǒuu
poulet	ไก่	kàï

Poissons et fruits de mer

Fruits de mer se dit อาหารทะเล [aa-hǎan tHá-lee], ce qui signifie littéralement "nourriture de la mer". C'est pourquoi les poissons font partie des fruits de mer pour les Thaïlandais.

bar	ปลากะพง	plaa kà-pHong
coquillages	หอย	Hǒɔy
crabe	ปู	pouu
crevettes	กุ้ง	kôung
homard	กุ้งล็อบสเตอร์	kôung lɔ́p-sa-tôee
huîtres	หอยนางรม	Hǒɔy naang-rom
moules	หอยแมลงภู่	Hǒɔy ma-lɛɛng-pHôuu
poisson	ปลา	plaa
saumon	(ปลา)แซลมอน	(plaa) sɛɛl-mɔ̂ɔn

Laitages et œufs

Sous l'influence des pays occidentaux, les nouvelles générations de Thaïlandais consomment beaucoup plus de produits laitiers qu'avant.

beurre	เนย	*noeey*
crème	ครีม	*kHriim*
fromage	เนยแข็ง / ชีส	*noeey-kHɛ̌ɛng / tchíis*
lait	นม	*nom*
lait concentré	นมข้น	*nom-kHôn*
lait de coco	กะทิ	*kà-tHí*
lait en poudre	นมผง	*nom-pHǒng*
œuf	ไข่	*kHàï*

Goûts

acide	เปรี้ยว	*prîiaw*
amer	ขม	*kHǒm*
âpre	ฝาด	*fàat*
épicé/pimenté	เผ็ด	*pHèt*
salé	เค็ม	*kHem*
sucré	หวาน	*wǎan*

CONVERSATION

Boissons alcoolisées

Sachez que dans beaucoup de lieux de restauration, la vente d'alcool est interdite en dehors de certaines plages horaires ainsi que pendant les fêtes religieuses.

alcool	เหล้า	lâo
bière	เบียร์	biia
vin	ไวน์	waïn
whisky	วิสกี้	wís-kîi

Autres boissons

Concernant l'eau, il est conseillé aux touristes de consommer de l'eau en bouteille, que vous trouverez facilement dans toutes les supérettes.

boisson gazeuse (soda)	น้ำอัดลม	ná^m àt-lom
café	กาแฟ	kaa-fɛɛ
eau fraîche	น้ำเย็น	ná^m yen
eau gazeuse	น้ำเปล่าแบบมีแก๊ส	ná^m plào bɛ̀ɛp mii kɛ́ɛs
eau plate	น้ำเปล่า	ná^m plào
boisson en bouteille	น้ำขวด	ná^m kHòuuat
jus de fruits	น้ำผลไม้	ná^m pHŏn-la-máï
thé	(น้ำ) ชา	(ná^m) tchaa

↗ Achats et souvenirs

Magasins

Les *petites échoppes indépendantes*, ร้านขายของ *[ráan kHǎay kHɔ̌ɔng]* sont encore très nombreuses tant en ville que dans les campagnes.

Boutique (de...)	ร้าน (ขาย...)	ráan (kHǎay...)
CD / vidéos / DVD	ซีดี / วีดีโอ / ดีวีดี	sii-dii / wii-dii-oo / dii-wii-dii
chaussures	รองเท้า	rɔɔng tHáo
livres	หนังสือ	nǎng-sǔu
sacs	กระเป๋า	krà-pǎo
souvenirs	ของที่ระลึก	kHɔ̌ɔng tHîi rá-lúk
vêtements	เสื้อผ้า	sûua pHâa

Journaux, revues

Je voudrais acheter...	ผม/ฉัน ต้องการซื้อ...	pHǒm/tchǎn tɔ̂ɔng-kaan súu...
une carte touristique.	แผนที่ท่องเที่ยว	pHɛ̌ɛn-tHîi tHɔ̂ɔng-tHîiaw
un guide touristique.	หนังสือท่องเที่ยว	nǎng-sǔu tHɔ̂ɔng-tHîiaw
un journal / un magazine.	หนังสือพิมพ์ / นิตยสาร	nǎng-sǔu-pHim / nít-ta-ya-sǎan

CONVERSATION

| des journaux / des magazines étrangers. | หนังสือพิมพ์ / นิตยสาร ต่างประเทศ | năng-sǔu-pHim / nít-ta-ya-sǎan tàang-prà-tHêet |

Vêtements et chaussures

Les *vêtements* เสื้อผ้า *[sûua-pHâa]* sont à très bon prix en Thaïlande. Vous pouvez tout à fait y partir avec un sac à dos et rentrer avec une valise bien remplie !

ceinture	เข็มขัด	kHěm-kHàt
chapeau	หมวก	mòuuak
chaussettes	ถุงเท้า	tHǔung-tHáo
chaussures	รองเท้า	rɔɔng-tHáo
chemise/chemisier	เสื้อเชิ้ต	sûua tchóeet
jupe	กระโปรง	krà-proong
lunettes (de soleil)	แว่นตา (กันแดด)	wɛ̂ɛn-taa (kan dɛ̀ɛt)
pantalon	กางเกง	kaang-keeng
short	กางเกงขาสั้น	kaang-keeng kHǎa-sân
tongs	รองเท้าแตะ	rɔɔng-tHáo tɛ̀
t-shirt	เสื้อยืด	sûua yûut

Faites attention, le passage à la cabine d'essayage s'impose car les tailles thaïlandaises ne correspondent pas forcément à celles que vous connaissez.

C'est trop...	... เกินไป	... koeen paï
grand.	ใหญ่	yàï
petit.	เล็ก	lék
court.	สั้น	sân
long.	ยาว	yaaw

Les couleurs

blanc	ขาว	kHǎaw
bleu	ฟ้า	fáa
gris	เทา	tHao
jaune	เหลือง	lǔuang
marron	น้ำตาล	nám-taan
mauve	ม่วง	môuuang
noir	ดำ	dam
orange	ส้ม	sôm
rose	ชมพู	tchom-pHouu
rouge	แดง	dεεng
vert	เขียว	kHǐiaw

Bureau de tabac

Vous verrez peu de fumeurs dans la rue ou dans les lieux publics car l'interdiction de fumer s'applique sévèrement en Thaïlande.

allumettes	ไม้ขีดไฟ	máï-kHìit-faï
briquet	ไฟแช็ค	faï-tchék
cigare	ซิการ์	sí-kâa
cigarettes	บุหรี่	bòu-rìi
fumer	สูบ	sòuup

Il est interdit de fumer (des cigarettes).
ห้ามสูบบุหรี่
Hâam sòuup bòu-rìi

Photo

Pouvez-vous nous prendre en photo, s'il vous plaît ?

ช่วยถ่ายรูปให้หน่อยได้ไหม ครับ/คะ
tchôuuy tHàay-rôuup Hâï nòɔy dâï măï kHráp/kHá

Puis-je prendre une photo ?

ขอถ่ายรูปได้ไหม ครับ/คะ
kHɔ̌ɔ tHàay-rôuup dâï măï kHráp/kHá

Il ne faut pas prendre de photos / utiliser le flash.

อย่า ถ่ายรูป / ใช้แฟลช
yàa tHàay-rôuup / tcháï flèɛt

Provisions

Hygiène et soins

brosse à dents	แปรงสีฟัน	prɛɛng-sǐi-fan
couches	แพมเพิส / ผ้าอ้อมสำเร็จรูป *	pHɛɛm-pHoees / pHâa-ɔ̂ɔm-sǎm-rèt-rôuup
dentifrice	ยาสีฟัน	yaa-sǐi-fan
rasoir	ที่โกนหนวด	tHǐi-kon-nòuuat
savon	สบู่	sa-bòuu
shampoing	แชมพู	tchɛɛm-pHouu

* Il existe deux mots pour dire "couches" en thaï. Le 1er, แพมเพิส *[pHɛɛm-pHoees]* est emprunté à une célèbre marque de couches (Pampers ®), le second ผ้าอ้อมสำเร็จรูป *[pHâa-ɔ̂ɔm-sǎm-rèt-rôuup]* est beaucoup moins employé. Le mot ผ้าอ้อม *[pHâa-ɔ̂ɔm]* désigne plutôt les langes que l'on peut laver et réutiliser.

Alimentation

café	กาแฟ	ka-fɛɛ
fruits	ผลไม้	pHǒn-la-máï

CONVERSATION

légumes	ผัก	pHàk
riz	ข้าว	kHâaw
sucre	น้ำตาล	ná^m-taan
thé	ชา	tchaa

Souvenirs

Les souvenirs et menus objets à ramener de Thaïlande ne manquent pas : l'artisanat local offre une grande variété de meubles en bois ou en rotin, d'objets de décoration ou d'instruments de musique traditionnels, de céramiques et de poteries. Les statuettes de Bouddha ou d'éléphants sont très prisées, mais attention à ce qu'elles ne soient pas en ivoire ! N'oubliez pas que son exportation est strictement interdite.

Pour faire vos achats, les meilleurs endroits sont le marché Jatujak ตลาดจตุจักร à Bangkok et la ville de Chiang Mai à 800 km au nord de Bangkok, qui concentre de nombreux ateliers d'artisans locaux. Vous y trouverez les fameuses ombrelles en papier de Chiang Mai, des bijoux, des objets décorés à la main et bien d'autres trésors. Parmi les incontournables, citons également les poupées ethniques, l'encens ou encore le linge en soie, sa production étant une spécialité en Thaïlande et sa qualité y étant en outre très réputée. L'américain Jim Thompson, ex-agent secret de l'OSS (ancienne CIA) reconverti en créateur de mode ne s'y est pas trompé lorsque, à l'occasion d'un voyage dans le pays, il décida de relancer la production de soie locale en adaptant ses créations avec des motifs d'inspiration plus moderne.

↗ Rendez-vous professionnels
Vocabulaire de l'entreprise

Connaître quelques mots relatifs au monde des affaires peut être utile si vous vous rendez en Thaïlande pour une mission professionnelle :

chef	หัวหน้า	*Hŏuua-nâa*
directeur	ผู้อำนวยการ	*pHôuu-a^m-nouuay-kaan*
dirigeant	ผู้บริหาร	*pHôuu-bɔ-rí-hăan*
filiale	สาขา	*săa-kHăa*
manager	ผู้จัดการ	*pHôuu-djàt-kaan*
responsable	ผู้รับผิดชอบ	*pHôuu-ráp-pHìt-tchɔ̂ɔp*
service des marchés	ฝ่ายการตลาด	*fàay-kaan-ta-làat*
service des ventes	ฝ่ายขาย	*fàay-kHăay*
service financier	ฝ่ายการเงิน	*fàay-kaan-ngoeen*
siège social	สำนักงานใหญ่	*săm-nák-ngaan yàï*
société / compagnie	บริษัท	*bɔ-rí-sàt*

CONVERSATION

↗ Santé

Chez le médecin, aux urgences

Si jamais vous tombez malade en Thaïlande et avez besoin de voir un médecin, voilà quelques mots de vocabulaire pour décrire votre état. Contactez l'ambassade de votre pays sur place pour connaître la liste des médecins agréés. N'oubliez pas que vous aurez besoin d'argent pour régler les soins. Là-bas, point d'assurance maladie (pour les étrangers) !

Je ne me sens pas bien.

ผม/ฉัน รู้สึกไม่สบาย ครับ/ค่ะ
pHŏm/tchăn róuu-sùk mâï sa-baay kHráp/kHâ

J'ai besoin de voir un médecin.

ผม/ฉัน ต้องการพบหมอ ครับ/ค่ะ
pHŏm/tchăn tôong-kaan pHóp mŏo kHráp/kHâ

Est-ce qu'il y a un médecin qui parle français ou anglais ?

มีหมอที่พูดภาษาฝรั่งเศสหรืออังกฤษได้ไหม ครับ/ค่ะ
mii mŏo tHîi pHôuut pHaa-săa fa-rang-sèet rŭu ang-krìt dâï măï kHráp/kHá

Symptômes

J'ai...	ผม/ฉัน...	pHŏm/tchăn...
la diarrhée.	ท้องเสีย	tHóong sĭia
envie de vomir.	อยากอาเจียน	yàak aa-djiian
de la fièvre.	เป็นไข้	pen kHâï

| un rhume. | เป็นหวัด | pen wàt |
| la tête qui tourne. | เวียนหัว | wiian Hŏuua |

Ma tension est [trop] haute / [trop] basse.

ผม/ฉัน มีความดัน สูง / ต่ำ

pHŏm/tchăn mii kHwaam-dan sŏuung / tà^m

Je suis...	ผม/ฉัน เป็น...	pHŏm/tchăn pen...
cardiaque.	โรคหัวใจ	rôok Hŭua-djaï
diabétique.	โรคเบาหวาน	rôok bao-wăan

Je suis allergique aux fruits de mer.

ผม/ฉัน แพ้อาหารทะเล

pHŏm/tchăn pHέε aa-hăan-tHá-lee

Douleurs et parties du corps

Douleurs

J'ai mal...	ผม/ฉัน ปวด...	pHŏm/tchăn pòuuat...
aux dents.	ฟัน	fan
au dos.	หลัง	lăng
aux oreilles.	หู	Hŏuu

CONVERSATION 153

| à la tête. | หัว | Hŏuua |
| au ventre. | ท้อง | tHɔ́ɔng |

Parties du corps

bouche	ปาก	pàak
bras	แขน	kHɛ̌ɛn
cou	คอ	kHɔɔ
doigts / orteils	นิ้วมือ / นิ้วเท้า	níw-muu / níw-tHáo
épaule	ไหล่	làï
foie	ตับ	tàp
genou	เข่า	kHào
main	มือ	muu
nez	จมูก	dja-mòuuk
œil	ตา	taa
pied	เท้า	tHáo
rein	ไต	taï

Santé de la femme

Pour les problèmes de santé affectant particulièrement les femmes, voici une liste de phrases ou mots à retenir :

Je suis enceinte.

ฉันกำลังตั้งท้องค่ะ

tchăn ka^m-lang tâng tHóong kHâ

Serait-il possible de voir un gynécologue ?

ฉันต้องการพบสูตินารีแพทย์จะเป็นไปได้ไหมคะ

tchăn tôong-kaan pHóp sŏuu-tì-naa-rii-pHɛ̀ɛt djà pen paï dâï mǎi kHá

échographie	อัลตราซาวด์	an-trâa-saaw
grossesse	ตั้ง ท้อง/ครรภ์	tâng tHóong/kHan
pilule	ยาคุมกำเนิด	yaa kHum-ka^m-nòeet
serviettes	ผ้าอนามัย	pHâa-a-naa-may
tampons	ผ้าอนามัย แบบสอด	pHâa-a-naa-may bɛ̀ɛp-sòot

Massages et soins du corps

Pour être parvenu à la fin de ce guide, vous méritez bien un peu de relaxation... Évoquons donc les fameux massages thaïlandais ! Tout d'abord, sachez que la médecine traditionnelle thaïe considère la maladie comme un dérèglement de la circulation des flux d'énergies qui traversent le corps. Lorsque ces flux, appelés

เส้น "Sen", rencontrent un point de blocage, des pathologies comme le stress, l'hypertension artérielle ou la fièvre peuvent se développer. Pour rétablir l'équilibre énergétique du corps, on procède à des massages savamment étudiés : des pressions exercées par le masseur avec les pouces, les coudes et les pieds sur le corps du patient (qui conserve ses vêtements) sont combinées à des postures d'étirements et à des manipulations articulaires pour soulager et redynamiser l'organisme.

Voilà un petit tour d'horizon des rituels de beauté et de détente auxquels nous vous conseillons fortement de succomber durant votre séjour en Thaïlande :

épilation	ถอนขน	tHŏon-kHŏn
hammam	อบไอน้ำ	òp-aï-ná^m
massage à l'ancienne	นวดแผนโบราณ	nôuuat pHɛ́ɛn-boo-raan
massage du visage/ des mains/des pieds	นวด หน้า/มือ/เท้า	nôuuat nâa/ muu/tHáo
massage thaï	นวดไทย	nôuuat tHaï
sauna	ซาวน่า	saaw-nâ
soin des ongles des mains/des pieds	ทำเล็บ มือ/เท้า	tHa^m-lép muu/tHáo
spa	สปา	sa-paa

Bon séjour en Thaïlande !

Index thématique

A
Accident **99**
Accord, désaccord **63**
Achats **145**
Administration **121**
Aéroport **101** ; **105**
Âge **73**
Aide (appel à l'~) **98**
Ambassade **121**
Amour **88**
Animaux **128**
Arbres **127**
Argent **103** ; **124**
Avion **101** ; **105**

B
Banque **124**
Bateau **106**
Boissons **144**
Bus **114**

C
Change **103**
Chemin (demander son ~) **111**
Cinéma **116**
Circuler **110**
Coiffeur **124**
Concert **117**
Congé (prendre ~) **58**
Corps **153**
Couleurs **147**
Culture **79**

D
Date (dire/demander la ~) **93**
Direction **112**
Douane **101**
Doute (exprimer un ~) **64**

E
Emploi **76**
Entreprise **151**
Études **76**

F
Famille **74**
Fêtes **96**
Fleurs **127**
Fruits **140**
Fruits de mer **142**

H
Hébergement **129**
Heure **89**
Hôtel **129**

I
Immigration **100** ; **122**
Internet **120**
Invitation **87**
Invitation (accepter/refuser l'~) **85**

J
Jour (les ~s de la semaine) **93**
Journaux, revues **145**

Journée (moment de la ~) **94**
Jours fériés **96**

L
Langues **68**
Légumes **139**
Loisirs **126**

M
Magasins **145**
Médecin **152**
Métiers (*voir* emploi)
Métro **114**
Mois (les ~ de l'année) **95**
Monnaie **104**
Musées **115**

N
Nationalités **68**

O
Opinion **82**
Orientation **112**

P
Panneaux **100**
Passeport **101**
Pays **72**
Photo **148**
Poissons **142**
Poste **119**
Présentations **70**
Provisions (alimentation) **149**
Provisions (hygiène) **149**

Q
Questions **65**

R
Religions **79**
Remercier **59**
Rendez-vous **62** ; **86**
Restaurant **135**

S
S'excuser **61**
Saisons **81**
Salutations **57**
Santé **152**
Santé (femme) **155**
Secours **98**
Sentiments **82**
Sites naturels **125**
Soins (~ du corps) **155**
Souhaits **62**
Souvenirs **150**
Spécialités culinaires **137**
Spectacles **117**
Sports **126**
Stations (transport) **113**
Surprise (exprimer la ~) **64**

T
Tabac **148**
Tailles (vêtements) **147**
Taxi **107**
Téléphone **118**
Temps (météo) **81**
Théâtre **116**
Train **106**

U
Urgences **152**

V
Vêtements **146**
Viande **141**
Visa **122**

Voiture (location) **108**
Voiture (circulation) **110**
Vol (perte) **122**
Voyager **100**

Thaï - N° édition : 4399
Achevé d'imprimer en novembre 2024
Imprimé en Pologne